Werner Trautmann
Im Warten
auf den Tod gewinne
ich das Leben

Werner Trautmann

Im Warten auf den Tod gewinne ich das Leben

Psychogramm eines Krebspatienten

Walter-Verlag Olten und Freiburg im Breisgau

Alle Rechte vorbehalten
© Walter-Verlag AG, Olten 1990
Satz: Jung Satz Centrum, Lahnau
Druck und Einband: Grafische Betriebe
des Walter-Verlags
Printed in Switzerland

ISBN 3-530-88461-8

Inhalt

Es könnten mehr Patienten geheilt werden

Dieses Buch ist entstanden gegen meinen Willen. Das Drängen meiner Frau veranlaßte mich zunächst, in jeder Phase der Krankheit Aufzeichnungen zu machen, vorläufig gedacht als Erinnerung über mein Ableben hinaus. Aus heutiger Sicht betrachtet, könnte in der damit aufgegebenen Reflexion ein Beitrag zum Therapieerfolg gelegen haben. Offensichtlich wußte meine Frau, was sie von mir fordern durfte.

Fast zweieinhalb Jahre nach Krankheitsbeginn gebe ich nun dieses Manuskript aus der Hand, das mich befremdet. Daran läßt sich ablesen, daß ein Prozeß ausläuft. Um mit Rilke zu sprechen: Einer der «wachsenden Ringe, die sich über die Dinge ziehen», ist abgeschlossen. Mein Sinnen und Trachten ist jedenfalls wieder auf diese Welt gerichtet – in einem tief gewandelten Sinn.

Allerdings zeigt mein heutiges Befremden über den eigenen Text, in welcher Grenzsituation ich mich bewegen mußte: im Zustand letzten Ausgesetztseins! Allgemein läßt sich ein solches Erlebnis nur nachvollziehen von Menschen, die mit einer ähnlichen Erlebnislage konfrontiert sind oder waren. Sie allein sehen nicht nur die Außenseite der Krankheit, die, wie jedes Ereignis, auch eine schwer zugängliche Innenseite besitzt.

Es ist heutzutage ein Überzeugungsgrundsatz moderner Naturwissenschaft geworden, daß wir Subjekt und Objekt nicht mehr scharf trennen können: «Was wir beobachten, ist nur die Natur, die unserer Art der Fragestellung ausgesetzt ist» (Heisenberg)[1]. Gilt dies aber schon für die exakteste der Wissenschaften, die Physik und damit die «unbelebte» Natur, um wieviel mehr muß dann unser Augenmerk in der «belebten» Natur auf die Wechselwirkung der Prozesse zwischen objektiv vermeßbarer Materie unserer Physis und irrationalen Prozessen unserer Psyche gerichtet sein.

Eine Disziplin der Psycho-Onkologie gibt es (im Gegensatz zu

Amerika) an unseren Hochschulen kaum in Ansätzen. Deshalb dominieren in der Ursachenerklärung für Krebs fast ausschließlich umweltbedingte (exogene) Faktoren. Die Erklärung des Krebses durch endogene Ursachen, wie Einstellungen, Gefühle und psychologische Traumata, löst überwiegend nur das ironische Lächeln überlegener Arroganz aus. Andererseits verbreiten auch Ärzte gern Banalitäten der Art, daß eine «positive Motivation» oder der Wille zu leben die Krankheit überwinden lasse. Dieses psychologische Dilettieren von Ärzten entlarvt sich dem Onkologen eigentlich in der täglichen Arbeit: Den heftigsten Lebenswillen zeigt oft der nicht mehr therapierbare Todeskandidat, je näher er auf den Tod zugeht. Warum stirbt gerade er?

Wer die Höllenqualen einer Chemotherapie durchgestanden hat, die ihn erinnerten an die Visionen eines Hieronymus Bosch, wer monatelang nur mit dem Brechgefühl eines ständig umgedrehten Magens gelebt hat, einer Zerstörung aller Schleimhäute des Darmes, auch des Gaumens und Mundes unter einer wochenlang eiternden Herpes als den gewöhnlichsten Folgen dieser Behandlung, der weiß um den völlig gebrochenen Willen, welcher diese Krankheit angeblich überwinden lasse. (Um das deutlich zu machen, sind die klinischen Berichte meiner Aufzeichnungen unverzichtbar.)

Exogene Ursachenerklärungen erzwingen eine einseitig exogene Therapie: Stahl, Strahl, Chemotherapie. – Das Vernachlässigen endogener (tiefenpsychologischer) Ursachenforschung und einer intensiv begleitenden psychologischen Therapie ist aber fahrlässig. Es gibt keinen Zweifel daran, daß sich die eigentlich miserable Erfolgsquote der Krebsbehandlung verbessern ließe unter Einsatz tiefenpsychologischer Erkenntnisse – möglicherweise gar entscheidend. Verifizierte amerikanische Forschungen haben ergeben, daß in fast dreiviertel Fällen von Tumorerkrankungen erdrückende tiefenpsychologische Erlebnisse vorangegangen sind, die zum Teil bis in die Frühkindheit reichen, begleitet von schweren emotionalen Verdrängungsprozessen. Die beste Therapie kann nur wirken, wenn diese Ursachen dem Patienten bewußt werden. In der Regel dürften diese Apperzeption (eine Eingliederung neuer Inhalte der beschriebenen Art in die schon vorhandenen Inhalte des Bewußtseins) die wenigsten Patienten selbst schaffen.

Mit dem Prozeß der psychologischen Ursachenauflösung verbunden ist die notwendige Sinnfindung in Krankheit und Leid. Das führt zunächst durch ein Chaos des in der Krankheitssituation zusammenbrechenden Wertweltbezuges, in den auch die bisherige religiöse Sicherheit eingeschlossen ist, wofür Priester und Mitchristen oft das geringste Verständnis zeigen. – Ich selbst habe für die in mir ablaufenden tiefenpsychologischen Prozesse einen hervorragenden Interpreten in C. G. Jung gefunden.

Das Verständnis für dieses Suchen der Psyche nach neuem Halt, das fast ohne willentliches Zutun geschieht, muß vor allem vom sozialen Umfeld der Patienten stimuliert werden: von Angehörigen, Freunden, Mitleidenden. Doch während der Patient dem Grauen der eigenen Situation ausgeliefert bleibt, verharren die Angehörigen zumeist in einer wortlosen Geste der Hilflosigkeit. Für sie gibt es keine beratenden Psychologen und Ärzte, obwohl die für den Therapieerfolg geforderte Sinnfindung ganz entscheidend von den Haltungen dieses sozialen Umfeldes abhängt.

Zum Abschluß dieser Einleitung ein Zitat von dem Wiener Professor für Neurologie und Psychiatrie Viktor E. Frankl, der aus den Erfahrungen von Konzentrationslager und Kriegsgefangenschaft eine Überlebenstherapie der Sinnsuche entwickelt hat: «Aber darüber hinaus ist es grundsätzlich möglich, auch wenn wir als hilflose Opfer einer hoffnungslosen Situation konfrontiert sind mit einem unabänderlichen Schicksal, einer unheilbaren Krankheit z. B., sagen wir mit einem nicht operierbaren Krebs, auch dann ist es noch möglich, dem Leben einen letzten Sinn abzuringen, und zwar indem wir die menschlichste aller menschlichen Möglichkeiten verwirklichen: Das ist die Fähigkeit des Menschen, auch noch eine Tragödie in einen persönlichen

Triumph umzuwandeln, Leiden in eine menschliche Leistung zu verwandeln ... Deshalb ist das Leben buchstäblich bis zum letzten Augenblick der Möglichkeit noch sinnvoll, bis zu unserem letzten Atemzug.»[2]

Eine Odyssee der Psyche

Dies ist die Aufzeichnung einer Odyssee, von Bedrängnissen der Psyche, ihrer vermeintlichen Irrfahrten und ihrer schließlichen Heimkehr in das Ithaka der Gesundung. Das Schiff dieser Reise in exotische Weiten und Abgründe meiner Psyche ist meine Tumorerkrankung gewesen. Sie begann im März 1987. Die Fahrtroute führte durch die Engen von Skylla und Charybdis einer chemotherapeutischen Behandlung (von Mitte Juli 1987 bis Ende Dezember 1987) und einer anschließenden Strahlentherapie (von Mitte Januar 1988 bis Mitte Februar 1988). Von Anbeginn habe ich mir Aufzeichnungen des Geschehens gemacht, selbst noch in Krankenhausnächten tiefster Ferne, gleichsam ein Logbuch dieser Fahrt geführt: des vordergründig-medizinischen Geschehens, das für die Ärzte und meine soziale Umwelt ohne Schwierigkeiten als Außengeschehen überblickbar blieb, wie bei Millionen anderer Tumorpatienten auch, und deshalb einer literarischen Aufzeichnung nicht wert gewesen wäre; aber auch der psychologischen Eindrücke und Erlebnisse, die vielleicht einen gewinnbringenden dokumentarischen Einblick bieten könnten. Denn nicht allzuoft wird man von einem Patienten sagen können, es sei faszinierend, daß er noch seinen eigenen Tod intellektuell seziere, wie mir das ein engbefreundeter Examenskandidat der Theologie freimütig bekundete.
Generell läßt sich behaupten, selbst bedeutsame Änderungen unserer intellektuellen Entwicklung, Neuorientierungen, Richtungsabweichungen, Bewußtseinswandlungen bleiben ziemlich

wirkungslos, wenn sie sich auf das Bewußtsein beschränken. Dagegen wird das Bewußtsein unausweichbar «festgelegt» schon von kleinsten Teilveränderungen des «persönlichen Unbewußten», wie das C. G. Jung beschrieben hat, mehr aber noch von Wandlungen, bedingt durch die Archetypen des «kollektiven Unbewußten». Jugendliche Reifeprozesse, ein entgrenzendes Liebeserlebnis, der einsetzende Altersknick, Todesbedrohungen, Todeserwartungen nennen wir schicksalhafte Krisen, die unser Unbewußtes als Einbruch, Untergang, Wiedergeburt erlebt, weshalb in einer noch intakten Kulturwelt an diese Wendemarken Rituale der psychologischen Orientierungshilfe gesetzt waren. Erlebnisse solcher Tiefe und Komplexität vollziehen sich als Ganzheitswandlungen, die das Bewußtsein und das Unbewußte einschließen, aber auch die Beziehung beider zueinander und das Verhältnis der Persönlickeit zur Umwelt. Im Ablauf dieses psychologischen Bewegungsvorganges liegen die Tiefenschichten unserer Psyche gewissermaßen offen.

Während der akuten Erkrankung und ihrer medizinischen Behandlung habe ich nur registriert, daß sich solche tiefenpsychologischen Umwandlungsprozesse in mir vollzogen, ohne fähig gewesen zu sein, über Art und Umfang etwas Genaueres zu sagen. Das läßt sich ablesen an Briefen, die ich Weihnachen 1987, also zwischen Chemo- und Strahlentherapie formulierte. Gut vier Monate nach Absetzen der Chemotherapie zeigte ich mich fähig, in meiner Abschiedsrede vor Abiturientinnen den sich nun klar abzeichnenden Wertweltbezug zu formulieren. Erst sieben Monate nach Abschluß der Chemotherapie, äußerlich gekennzeichnet durch die weitgehende Reaktivierung der vorher völlig ertaubten Geruchs- und Geschmacksnerven, und fünf Monate nach der Strahlentherapie, geriet ich in ein Zwischenstadium, das die bewußte Verarbeitung, also die Apperzeption der erlebten psychologischen Geschehnisse, ihre Umschreibung, Charakterisierung und Deutung erlaubte, während das tief aufgewühlte Unbewußte noch offen lag. Erst mit Ablauf eines Jahres nach der Behandlung begann das Bewußtsein wieder mein Unbewußtes zu beherrschen, was einer Aussageverfälschung gleichkam. Deshalb mußte ich mich beeilen, diese Aufzeichnungen abzuschließen, als sich die ersten Anzeichen dafür spürbar machten.

Angelpunkt aller Betrachtungen konnten natürlich nur wertphilosophische Fragen sein und solche metaphysischer oder theologischer Bedeutsamkeit. Davon mochte die Umwelt ahnen, und sie reagierte, vermeintlich helfend, tatsächlich jedoch den Kranken schwer belastend. Meine Umgebung der Freunde und Bekannten antwortete auf die Nachricht meiner Tumorerkrankung mit der Schockwirkung einer tiefen Verunsicherung. Ihr folgte eine ebenso verständliche Lähmung, dann aber setzte ein Hilfsbemühen ein, das eher den Helfenden zu nützen geeignet schien als dem Kranken. Jene beobachtete Schockwirkung zerriß – besonders den Gläubigen unter ihnen – die Decke der theologischen Gefälligkeitsaussagen, ließ auch für sie Sinnfragenabgründe, wenigstens für Augenblicke, klaffen, in die man natürlich selbst nicht stürzen wollte. So schenkte man nun dem Kranken theologische Traktate, religiös gestimmte Aufmunterungsromane, Predigten, biblische Erbauungssprüche gekoppelt mit schönen Bildern der so schönen Gottesnatur. Hinter all diesen gutgemeinten Gaben stand aber die Erwartung, der Kranke möge seine psychologische Verunsicherung genesend überwinden, indem er sich in einer erwarteten Frömmigkeitshaltung möglichst konventioneller theologischer Art zeigt, wodurch die Umwelt von ihrer Schockwirkung befreit worden wäre. Dann nämlich hätte sich der Sinnfragenabgrund für die Umwelt schnell wieder zu den gefälligen theologischen Glattaussagen geschlossen.

Genau diesen Erwartungen kann der Kranke aber nicht entsprechen, weil sich sein durch Schicksalseinbrüche aufgebrochenes Unbewußtes eben in der schon angedeuteten Art einer Bewußtseinskontrolle und damit dem rationalen Willensakt entzogen hat. Jeder tödlich Erkrankte, jeder Trauernde, aber auch jeder von der Liebe ganzheitlich erfaßte und entgrenzte Mensch erlebt mit Staunen, ja, fassungslos ausgesetzt oder freudig exaltiert, den psychologischen Umbruch des Wertweltbezuges, und der schließt die Sinnbilder unseres Glaubens ein. Denn auch der Glaubende zeigt sich von der Außenseite in Form eines bewußten Willensaktes, durch den der theologisch unverrückbare Glaubenskanon seine Bejahung erfährt, und von der tiefenpsychologischen Innenseite steter Wandlung.

Lebendige Kirche spiegelt sich in den Pfarraktivitäten der Bibel-, Gebets- und Meditationskreise, der liturgischen Gottesdienstgestaltung, den caritativen Sammlungen usw., lebendiger Glaube aber ist ein tiefenpsychologischer Prozeß, ein ständiger Wechsel der religiösen Grundbilder, die unser Unbewußtes spiegeln (Gott, Jesus Christus, Erlösung, Gericht usw.). Die Geschichte des christlichen Abendlandes bietet genügend Beispiele des psychologischen «Göttersturzes» in den wechselnden Gottesbildern (Christkönig in der Romantik; Gottmensch in der Gotik; der Schöpfergott als Himmelspotentat im absolutistischen Barock), in den Ordensgründungen (der vornehmlich liturgischen Benediktiner, der betont caritativen Franziskaner, der philosophisch ausgerichteten Dominikaner, der mehr politisch-missionarischen Jesuiten) und schließlich in den vielfältigen Konfessionsspaltungen. Ein solcher geschichtlicher Niederschlag vollzieht sich dann, wenn der psychologische Wandlungsprozeß eines Menschen (Heiliger, Ordensgründer usw.) tiefenpsychologisch eine kollektive Bedeutsamkeit ausdrückt. Immer jedoch steht eine solche tiefenpsychologische Bewegung zunächst im Gegensatz zur Welt der Väter, was religiös heißt: zur herkömmlichen Interpretation der Glaubensinhalte. – Zwischen den Extrempunkten der Außenseite und der Innenseite des Glaubens vollzieht sich der dialektische Ausgleich von Pharisäertum und Häresie!

Wird der Todkranke oder Trauernde nun während dieses psychologischen Wandlungsprozesses blockiert, behindert, bevormundet durch Anverwandte, Kleriker oder Mitchristen, dann erfährt der Gesundungsprozeß möglicherweise eine schwere Hemmung. – So habe ich wohlgemeinte Geschenke, Briefratschläge, alles einfach «auf Jesus Christus zu werfen», nicht als Hilfe, sondern als schwere Belastung erfahren, als einen gnadenlosen Konformitätsdruck – gegen den ich mich zuweilen auch brieflich gewehrt habe –, während man sich umgekehrt meiner existentiellen Not entzog, wenn ich in immer neuen Ansätzen versuchte, überindividuell gültig Leid zu erklären, neu zu definieren, weil ich darauf unbedingt mich befriedigende Sinnantworten brauchte. (Solche fortgesetzten Neuansätze zu grundsätzlichen Fragen, wie Leid, Versöhnung, Vergessen, Schuld, die zuweilen auch durch äußere Geschehnisse oder Gesprächsversuche ihren Anstoß erfuhren und mitunter Wochen auseinanderlagen, habe ich ohne Rücksicht auf die Chronologie ebenso zusammengerückt wie die genannten Therapiephasen.)

Generell läßt sich sagen, daß tiefenpsychologisch alles Amorphe, die «massa confusa», das ungezügelt Triebhafte, das Chaos der Formlosigkeit einerseits und das Starre, Feste, Unveränderliche psychologisch des «Teufels» ist und als Achse jene andere zwischen Leben und Tod durchkreuzt, die Wandlung und Kreativität bedeutet.

Theologen und mitfühlende Christen können somit aus diesem Psychogramm viel Gewinn ziehen für die Seelsorge, wenn sie begreifen, daß es sich hier um keinen theologischen Disput über ontologische Wahrheiten handelt, sondern um den «klinischen» Bericht über tiefenpsychologische Spiegelungen der religiösen Inhalte und deren Wandlungscharakter und daß sich diese Spiegelbildwandlungen in jedem Menschen ähnlich vollziehen, dessen Unbewußtes durch existentiell tiefgreifende Erlebnisse aufgebrochen ist. Es ziemt dem Theologen wie den christlichen Laien also in der Seel-Sorge, nicht um die Reinhaltung des Dogmas besorgt zu sein, sondern Sorge zu tragen, daß der Kranke oder Trauernde während der Odyssee seiner Psyche nicht an den Klippen der einengenden Dogmen zerschellt. Es ist also zu schweigen, statt zu verkünden und zu belehren, zu horchen, mitfühlend offen zu sein, nötigenfalls das Dogma in der Sorge um einen Menschen zu mißachten, ja wenn nötig, sich selbst zu opfern im leidenden Mitvollzug der psychologischen Hadesfahrt. – Bei der Mehrzahl seiner ihm anvertrauten Pfarrglieder ist natürlich auch der Theologe mit solcher Zumutung überfordert.

So verlagert sich von den Medizinern und Theologen hinweg fast alle Last auf die liebende Bezugsperson, sofern sie überhaupt noch vorhanden ist, in der Regel auf Mann oder Frau. Sie bedürfen keiner wissenschaftlichen Schulung, denn die in existentieller Not erneut auflodernde Liebe läßt alle Energie fraglos, rücksichtslos, vorurteilslos, bedenkenlos in das Du überfließen, und koste es die eigenen Überzeugungen, Grundsätze, Verhaltensnormen, ja die eigene Existenz, wie ich das durch meine Frau Hedwig überzeugend erfahren durfte. Tumorpatienten, die eine solche Bezugsperson entbehren oder einen Partner besitzen, der aus Unverständnis für den psychologischen Prozeß des Kranken dementsprechend entgegensteuert, befinden sich in einer psychologisch fast hoffnungslosen Lage.

Ich persönlich sah mich sogar in einer bevorteilenden Ausnahmestellung. Unter den mir anvertrauten Kollegiatinnen, die ich in ihrer Abiturvorbereitung plötzlich verlassen mußte, steigerte sich die Wirkung meiner tödlichen Erkrankung zu einem psychologischen Erdbeben, weil es zwischen uns eine besondere Affinität gab, nicht nur der gleichgestimmten Verantwortung gegenüber dem Arbeitsauftrag und der im täglichen Erkenntnisbemühen gewachsenen Zuneigung, sondern in der psychologisch plötzlich angeglichenen Grundstruktur. Auch Reifeprozesse – und gerade solche in diesem entscheidenden Alter einer ersten persönlichen Wertweltbindung – beinhalten ja eine psychologische Bewegungsdynamik von solcher Schubkraft, daß ihr unser Bewußtsein über Jahre geradezu ausgeliefert bleibt. Wenn in diese Offenheit des Unbewußten gerade während dieser Reifephase so unmittelbar der Tod einbricht, dann muß das prägende Wirkungen haben. Der nun wechselseitig erfolgte Austausch zwischen dem aufgebrochenen Unbewußten meiner Person und der offen liegenden Psyche meiner Mädchen im Reifeprozeß erhielt zudem eine Verstärkung dadurch, daß ich mit schonungsloser Entblößung teilnehmen ließ am medizinischen Krankheitsverlauf und meiner bewußten und unbewußten Verarbeitung dieses Todeserlebnisses. Das wiederum löste eine Bereitschaft des psychologischen Mitvollzugs aus, die man sonst nur unter Liebenden findet, und setzte ein psychologisches Kraftpotential frei, das zur Überwindung schwerster Krankheitskrisen entscheidend mit beigetragen hat.

Margit, eine ehemalige Kollegiatin, die ihr Studium längst abgeschlossen hat, jetzt als Ingenieurin arbeitet, noch unverheiratet, aber mit einem Kind, schrieb mir am 19. 11. 1987 in der noch härtesten Phase der Zytostatikabehandlung: «Ich frage mich oft, wie Sie wohl mit Ihrer Krankheit, mit Ihrem Schicksal umgehen. Ich durfte Sie als einen Menschen kennenlernen, der weder sich selbst noch dem anderen etwas vormacht. Deshalb traue ich mich, Sie so offen zu fragen, wie Sie mit Ihrem Leben fertig werden, was Sie bewegt, was Ihre Gedanken sind. Bei dem Gedanken an Sie gilt der nächste Gedanke natürlich Ihrer Frau, die genauso wie Sie ihr Leben, ihr Schicksal annehmen muß. Ich habe in Ihrem Unterricht neben dem Lernstoff viel für mein Leben gelernt, und so würde ich mich freuen, wenn ich nochmals von Ihnen hören und lernen dürfte.» – Also, was konnte sie lernen?

Tapferkeit

Gespräch an der Gartenpforte. Frau Sch. erzählt sichtlich berührt vom Chefverkäufer einer international bekannten Firma unserer Stadt, siebenundzwanzig Jahre sei er erst alt gewesen, als er starb. Er habe sich nämlich sogleich aufgegeben, als die Diagnose feststand: Rückenmarktumor. Nein, es sei wirklich nicht zu begreifen! Habe er nicht alles besessen, was man sich nur wünschen kann: hervorragende Einkommensverhältnisse, ein phantastisches Haus, selbst Zugang zu den Münchener

«Schiki-Miki»-Kreisen? – «Denke dir», sagte ich zu meiner Hedwig, «selbst ‹Schiki-Miki›-Kreise bleiben nicht verschont.» Alles habe er besessen. Nur keine Ausdauer, keine Tapferkeit! Wie könnte man? Braucht man diese Tugend nicht für den Krieg? Nun ja, sogar die «Politeia» Platons und auch Aristoteles ließen sich als Beleg anführen. Aber der Krieg dient nur als Beispiel, als die bestimmte Situation, in der Tapferkeit jeweils sichtbar werden kann. Und in dieser Situation war sie in Bombennächten ebenso gefordert von Müttern und Frauen. Sie ist also keine nur männliche Tugend und natürlich keine nur kriegerische. Die Gebärende im Kindbett braucht sie ebenso wie der Sterbenskranke: der Tumor- und Aids-Patient. Denn Tapferkeit ist das Verhalten im Angesicht des Todes.

Platon rechnete sie in der «Politeia» (dem «Staat») bereits zu den vier Kardinaltugenden: Mäßigkeit, Tapferkeit, Weisheit, Gerechtigkeit. Das Mittelalter fügte dann die drei christlichen Tugenden hinzu: Glaube, Hoffnung, Liebe. Sieben Tugenden umfaßte also der Tugend-Kanon des Thomas von Aquin. Tapferkeit blieb aber auch ihm die Tugend, mit welcher der Mensch zu jeder Stunde in das Angesicht des Todes blicke. Ursprünglich bestand sie ja in der Bereitschaft des Christen zum Martyrium. Denn für den Christen ist der Tod kein Nichts. Mit Kierkegaard ist ihm «die Krankheit zum Tode» nicht ein physisches Leiden, sondern die Verzweifelung über die eigenen Sünden, die Sünde, an der Sündenvergebung zu zweifeln, ja am christlichen Erlösungsglauben schlechthin. Ihm enthüllt sich im Angesicht des Todes das bisher verhüllte Antlitz Gottes.

Immer und immer wieder versuche ich den Uneinsichtigen mitzuteilen, wie irrig es sei, meine Willensstärke für mein Überleben bis zu dieser Stunde ursächlich verantwortlich zu machen. Richtiger müßte man ohnehin dafür Mut setzen. Mut ist etwas *Aktives*, Ausgreifendes, auch Unbeschwertes. – Wie aber sollte sich der entwickeln angesichts des explodierenden tumorösen Geschehens, des auflösenden Zerfließens unter der ätzenden Zytostatika-Einwirkung?

Nicht Wille ist gefordert, wohl aber Tapferkeit, die fälschlich erst seit dem 15. Jahrhundert mit mutig und kühn gleichgesetzt wird. Die Tapferkeit zeigt sich jedoch im *Passiven:* im Standhalten noch unter qualvollsten Schmerzen, im Erdulden – selbst des Todes. Und das hat gar nichts mit optimistischem Willenseinsatz zu tun.

Weiß Gott, auch im Kriege mußten wir gegen den «inneren Schweinehund» angehen: die Feigheit. Da gibt es eben nicht die Geschmeidigkeit der Anpassung. Tapferkeit will auch erworben sein, dieses «Nicht-Nachgeben», dieses «Lieber-brechen-als-Biegen». Wir übten das im Kriege, Christen in der Aszese. – Wer zum «Konsum-Idioten» animiert wurde und nur dem Hedonismus des Genießens lebte, wird im Angesicht des Todes als Waschlappen entlarvt. Er ist gnadenlos ausgeliefert, ihm mangelt jede Chance, zu überleben.

Das Annehmen der Krankheit

Als mein Klinikaufenthalt begann, sagte Dr. H., mein Hausarzt, wir kämpfen zunächst um Tage. Während der Chemotherapie kämpften wir um Wochen und Monate des nackten Überlebens. Nun aber lebe ich bereits wieder ein neugeschenktes, oder, richtiger, wiedergeschenktes Leben für zunächst Wochen und Monate. Dies kann bereits sehr viel sein! Und dennoch wäre jeder Trugschluß falsch.

Eine solche Situation läßt sich nicht vergleichen beispielsweise mit der eines Herzinfarkt-Patienten. Seine Krankheit ist medikamentierbar, und die statistische Wahrscheinlichkeit besagt, daß bei richtigem Verhalten der Tod gar nicht, beziehungsweise erst nach sehr vielen Jahren, eintritt. Patienten dieser schweren Krankheit stehen immer noch diesseits der Todesgrenze. Beim Krebskranken dagegen hat das Sterben begonnen, denn keine der herkömmlichen Therapiemethoden (Stahl-, Strahl-, Chemo-therapie) ist ein sicheres Mittel, die Krankheit zu besiegen. Natürlich versucht die Onkologie eine möglichst geschönte Erfolgsstatistik zu erstellen. Einen Tumorpatienten mit fünfjährigem krankheitsfreiem Intervall zählt man recht willkürlich zu den Geheilten. Man gibt ihre Zahl mit 30 Prozent an. Etwa 30 bis 40 Prozent der Krebspatienten werden zu den chronisch erkrankten gerechnet, bei denen Phasen ohne Krankheitsanzeichen mit therapiepflichtigen Zeiten wechseln. Nur 30 Prozent der Tumorpatienten seien akut an Krebs erkrankt. Aus solchen Schätzungsziffern errechnet man dann ziemlich kritiklos, daß 50 Prozent der Krebspatienten geheilt würden oder mit ihrem Tumor leben könnten. Deren Lebenserwartung, so heißt es, müßte nicht unbedingt eingeschränkt sein.

Solche Zahlenspielereien sind natürlich äußerst trügerisch. Sie abstrahieren zunächst einmal fragwürdig von den sehr abweichenden Heilungsaussichten der unterschiedlichen Krebsarten. Wer im sechsten Jahr nach der Rabiat-Therapie stirbt, wird dennoch in der Statistik als geheilt geführt. Inoperable und Inkurable (Unheilbare) aber, zu denen alle Tumorpatienten einer Spätdiagnose gewöhnlich gehören, registriert die Krebsstatistik überhaupt nicht. Es handelt sich dabei nicht selten um das Lungen- und Magenkarzinom, aber auch um den Krebs der Bauchspeicheldrüse, der Galle und Lymphdrüse, weil sich nur mit sehr komplizierten Untersuchungsmethoden hochspezialisierter Fachärzte eine Früherkennung dieser Krebsarten erreichen läßt. Solche und noch raffiniertere statistische Manipulationen machen allgemeine Zahlenangaben zur Krebstherapie ziemlich wertlos. Nur die geschätzten Krebserkrankungen und Krebstoten vermitteln ein Bild, das einigermaßen der Wirklichkeit nahekommt. In der Bundesrepublik erkranken jährlich 200 000 bis 250 000 Menschen an Krebs. Täglich sterben an dieser Krankheit mindestens 450. Nach den Doktoren E. und C. Fahrensteiner der Weltgesundheitsorganisation überleben den Krebs nur 1,5 Prozent, womit ein dauerhaftes Überleben gemeint sein dürfte.

Selbst nach «erfolgreicher» Behandlung sterben im ersten Jahr immer noch 40 Prozent, im zweiten 20 Prozent, im dritten, vierten und fünften 10 Prozent. Natürlich sind auch das nur verallgemeinernde Schätzungsziffern.

Es ist jedenfalls unverschämt und gar nicht tröstlich, einem Tumorpatienten zu sagen, eigentlich lebten wir ja alle das gleiche Leben, denn jeden könne der Tod jeden Augenblick erfassen. Wenn man kaltherzig von der Erlebnislage eines Todkranken abstrahiert, mag das sogar stimmen. Der Krebspatient lebt jedoch ständig in der geheimen Angst, die ihm alle Vierteljahre erneut bewußt wird, nämlich vor dem nächsten CT (Computer-Tomogramm), wenn die Angst sich von Tag zu Tag steigert. Denn jede dieser Computer-Tomographien entscheidet über Leben und Tod. Nicht über Siechtum, Gebrechlichkeit, Krankenhaustherapie, also einen neuen «modus vivendi», sondern über das Unwiderrufliche, das Ende! – Der Todeskandidat in der Zelle lebt noch von Gnadengesuch zu Gnadengesuch, der Tumorpatient von Gnadenerweis zu Gnadenerweis – mit vierteljährlicher Frist! (Bei einer Computer-Tomographie handelt es sich um eine Röntgenuntersuchung, die eine Schnittführung durch die verschiedensten Organe in einer Art Scheibchen ermöglicht. Sie zeigt auch Veränderungen in Weichteilen und im Gehirn an.)

Übrigens zum Vergleich: Zwischen 1982 und 1988 erkrankten an Krebs in der Bundesrepublik ungefähr 1 750 000 Menschen, an Aids aber nur ein Promille (2210). Die Todesgeißel als Massenseuche ist also Krebs und nicht Aids. – Gegen Aids kann sich jeder Mensch schützen ohne Arzt, allein durch sein Verhalten, der Krebs aber schleicht sich in unsere Betten wie die Schwarze Pest im Mittelalter: unvorhersehbar, unberechenbar, unabwendbar durch Medizin und unser Verhalten.

Wer also sind diese 1,5 Prozent überlebenden Tumor-Patienten? Warum überleben gerade sie? Natürlich gibt es dafür objektive Kriterien, wie Art des Tumors, Fortschrittsstadium usw., und denoch wird ein Rest bleiben, für den sich genaue Kriterien nicht bestimmen lassen.

Überleben sie, weil Gott es will? Leicht wird der Gläubige zu dieser Ansicht neigen und – sofern er selbst zu den Überlebenden gehört – im überschwellenden Dank die Frage vergessen, ob Gott dann Meinung und Ansicht geändert habe. Man glaubt gemeinhin Frömmigkeit zu zeigen, wenn man sich der bohrenden Fragen entschlägt und sich mit dem «unergründlichen Geheimnis» als Erklärungsursache begnügt. Und es bleibt stets ein Erklärungsungenügen, sofern wir im Sinne von Spinozas «Ethik» (5, 31) die Dinge «sub specie aeternitatis» («unter dem Gesichtspunkt der Ewigkeit») betrachten wollen, weshalb es auch Weisheit sein kann, das Unerklärbare als Geheimnis anzunehmen. Andererseits sollten wir, durch solche Erfahrung klug geworden, erst dann eine überweltliche Erklärung suchen, wenn eine innerweltliche nicht mehr überzeugt.

Wer gegen seine Krankheit kämpft wie gegen einen Feind, wer sich ungebärdig auflehnt, hadernd mit sich, der Welt und Gott, verliert jene Energie, die er braucht, um widerstehend der Krankheit standzuhalten. – Wer sich von den Brutalitäten der Krankheit abwendet, sich illusionär belügt und belügen läßt, den holt die Krankheit auf seiner Flucht mit Sicherheit ein, den erschlägt sie würdelos von hinten. Von Ovid lernten wir: «Ducunt volentem fata, nolentum trahunt» («Den Willigen führt das Geschick, den Störrischen schleift es mit.»)

Diese Hülle beschönigender Unwahrheiten, dieses schwebende Verhältnis der Unklarheiten, das Sartre mit dem Begriff der «mauvaise foi» («Untreue», «Wortbrüchigkeit») bezeichnet hat, ist der Tod vieler Tumorpatienten. Gewiß, die nackte Wahrheit ist schmerzhaft, sie zu ertragen fordert jene schon beschriebene Tapferkeit des Standhaltens, doch nur im Mut zur Wahrheit kommt der Mensch zu sich selbst. Und das allein gibt Selbstbewußtsein und die Kraft, zu überwinden.

Nur wer die Krankheit annimmt, ihr einen Sinn gibt – als Prüfung Gottes oder des Schicksals, als verdiente Folge oder Bewährungsprobe – wird über sie triumphieren; denn im Sinne des Schillerschen Freiheitsbegriffes widerfährt ihm dann nicht mehr die Überwältigung durch ein ihm Fremdes, sondern das, was er bejahend in seinen eigenen Willen aufgenommen hat. Er erhebt sich über das Krankheitsgeschehen, er wird frei. Mag sein, daß auch ihn vorzeitig der Tod physisch in die Knie zwingt. Aber die unzerstörbare Substanz seiner Person wird, wie die literarischen Helden Schillers, noch im Sterben den Tod überwinden! So wandelt sich der szenische Abschied Maria Stuarts vor dem Gang zum Schafott auf der Bühne zum befriedigenden Triumph, während wir als Zuschauer gleichzeitig mit den Tränen der Rührung kämpfen.

Es geht für den Tumorpatienten nicht um einen Kampf gegen den Krebs, den unzulänglich oder anscheinend zulänglich ohnehin nur die Mediziner für ihn führen, sondern lediglich um die richtige oder falsche Einstellung, um dienliche oder weniger dienliche Haltungen.

Ich will es mit C. G. Jung noch einmal sagen: «Erst nach der Krankheit verstand ich, wie wichtig das Ja-Sagen zum eigenen Schicksal ist. Denn auf diese Weise ist ein Ich da, das auch dann nicht versagt, wenn Unbegreifliches geschieht. Ein Ich, das aushält, das die Wahrheit erträgt, und das der Welt und dem Schicksal gewachsen ist. Dann hat man mit einer Niederlage auch einen Sieg erlebt.»[3]

Frei von der Gesellschaft

Ich bin nicht gerade der dualistischen Schwarz-weiß-Zeichnung des Augustinus zugeneigt, von der Bürgergemeinde jener Menschen, die für ein Leben in Gott bestimmt sind, der «civitas dei», und jener anderen Gemeinschaft derer, die sich selbst und ihrem Ruhm leben, der «civitas terrena». Weder sind die Frommen erfahrungsgemäß von Machtgelüsten frei noch die Selbstsüchtigen unbedingt in der Auflehnung gegen Gott stehend. Weshalb die

Bürgerschaft dieser Welt auch nicht schlichtweg des Teufels ist! Gerade in dieser ersten substantiellen Verteufelung ganzer menschlicher Kollektive, besonders der Donatisten durch Augustinus, liegt ja die theologisch-philosophische Begründung für den menschlichen Verteufelungswahn bis in die jüngste geschichtliche Zeit. Nimmt man dagegen Augustinus als Beschreibung des politisch-gesellschaftlichen Spiels um befriedigte Eitelkeiten und die Vorteilnahme gesellschaftlichen Prestiges, dann mag es angehen. Denn augustinisch bin auch ich in einem eingeschränkten Sinne geworden.

Seit meiner Todesbedrohung dünkt mir nichts so unwichtig zu sein wie Politik und Gesellschaft: dieses unablässige Gezänk um Strukturen der Steuern, des Verkehrs, der Wirtschaft, der Verteidigung usw. Es widert nicht nur an. Am liebsten möchte ich Zuckmayer zitieren. Wie heißt es im «Hauptmann von Köpenick»? «Erst kommt die Wanze, und dann de Wanzenordnung! Erst der Mensch, . . .! Und dann de Menschenordnung!» Denn nur durch den gewandelten Menschen ändern sich die Strukturen, nicht umgekehrt! – Mit den Worten von C. G. Jung: «Die großen Probleme der Menschheit wurden noch nie durch allgemeine Gesetze, sondern *immer nur durch Erneuerung der Einstellung des einzelnen* gelöst. Wenn es je eine Zeit gab, wo die Selbstbesinnung das unbedingt Nötige und einzig Richtige war, so ist es unsere gegenwärtige katastrophale Epoche.»[4]

Ein konkretes Beispiel: Ist der Mensch in rechter Weise zum richtigen Fahrverhalten erzogen, dann kann man die Bäume an den Straßenrändern stehen lassen, und man fährt unter einem breiten Laubdach von Platanen, durch das nur spärlich die grellen Sonnenstrahlen flirren, wie oft in Südfrankreich. Wir aber ändern durch Kahlschlag aller Bäume die Struktur der Straßenränder und überlassen dem weiterhin unerzogenen und darum undisziplinierten Menschen nun erst recht die Straße als Todesstrecke gesteigerten Rasens.

Wem die Tage gezählt sind, der hat für solches politisches Hick-Hack das Gespür verloren. Der Blick auf Strukturen, die das politische Geschehen anziehen, ist ein nach außen gewendeter. Als Moribundus («Todgeweihter») aber schaut man nach innen, und alles Außen interessiert nur als Abglanz oder Korrespondenz unseres psychischen Erlebens. Das ergibt die Zusammenziehung aller Kräfte auf das allein (subjektiv) Wesentliche. Dieses Genügen an der Innenschau macht wohltuend frei von der Gesellschaft.

Trauerphasen der Psyche

Vorgestern vor einem Jahr erfolgte dieser Exodus aus der Gesellschaft äußerlich sichtbar. Meine Einlieferung in das Münchener Uni-Klinikum Großhadern bedeutete das plötzliche Ende: Die Vorstellung von einer besonders festen Gesundheit, die meine Schülerinnen mitunter gar bedauerten, weil ich nie in der Schule fehlte, zerbrach. Beruflich schleuderte die Krankheit unwiderruflich aus der Bahn. Persönliche Kontakte des direkten Umgangs brachen ab, denn die während jedes Chemotherapie-Zyklus absinkenden Leukozyten schwächten die Abwehrkraft so, daß Besuche eine Gefährdung darstellten. Abgesehen von meiner Frau – und das zeigt die Wichtigkeit einer Bezugsperson überdeutlich – gab es über acht Monate nur Zwangskontakte zu Professoren, Ärzten, Krankenschwestern, MTA-Angestellten, mit denen sich fast nur funktionalistische Bezüge anknüpfen ließen. Die Isolierungssituation war ziemlich vollkommen. Sie wurde zunächst als soziale Deklassierung erlebt und gar nicht als Gewinn, als Abwerfen von Ballast, als Befreiung von politisch-gesellschaftlichen Äußerlichkeiten. Mehr noch: Ein Prozeß des Absterbens erfolgte, ein brutales Ausgestoßenwerden. Allein dieser Vorgang wirkt psychologisch als Krankheitsverstärker.
Tiefer als dieser Statusverlust erschüttert aber die unmittelbare Todesbedrohung das Selbstverständnis und damit das Weltver-

ständnis. Drei Monate vorher erstmals das Eingezwängtsein in jener bedrängenden Beklemmungsröhre, mit der man die Aufnahmen einer Computer-Tomographie herstellt, um die Ursachen meiner schon wochenlangen unerträglichen Rückenschmerzen in einer Wirbelsäulenanomalie zu finden. Damals eröffnete man mir, es seien neoplastische Gebilde die Ursache der Schmerzen, eine, wie sich später herausstellte, glückhafte «Zufallsdiagnose». Von da an durchlief die Psyche alle bekannten Stadien der Trauerarbeit.

Zunächst kam die Phase des *Nicht-Wahrhaben-Wollens*, verstärkt durch die Beschwichtigungen der Ärzte, teils überzeugt, solange keine histologisch begründete Diagnose vorlag, teils verlogen-schonend. Der Kranke trägt in diesem Stadium eifrig alle vermeintlichen Indizien zusammen, welche gegen die zunächst alleinige Beurteilung des Röntgendiagnostikers stehen, bezichtigt ihn sogar der Fehldiagnose, konsultiert Ärzte anderer Krankenhäuser, andere Ärzte. Und gesuchte Indizien, die jener unzulänglichen Erstdiagnose angeblich widersprechen, finden sich: die ungewöhnliche Leistungsfähigkeit bis unmittelbar vor Ausbruch der Krankheit, das hervorragende Blutbild, die glatte Oberfläche der histologischen Probe aus dem sieben Zentimeter langen Halsschnitt. Kann das von mehreren Universitäten einzuholende histologische Gutachten eigentlich noch die vernichtende Diagnose des Röntgendiagnostikers bestätigen? Und ob! Es kann!

Damit endet die Phase des bangenden Hoffens, des Kaschierens der Krankheit vor der Gesellschaft, etwa als eines Bandscheibenschadens oder als Entzündungszellen des lymphatischen Systems, die Phase des Belügens. Patienten, Ärzte, Angehörige, Priester, die trotz des nun unverrückbaren Faktums noch weiter der Wahrheit ausweichen, blockieren vermutlich von jetzt an psychologisch jeden Therapie-Erfolg, sofern er des psychologischen Mittuns von seiten des Patienten bedarf. Jawohl, auch Ärzte! Gerade sie, die psychologisch Ungeschulten, Unwissenden, Unbeholfenen, die im menschlichen Umgang Ungeschickten, die vermeintlich Schonenden – «töten»; denn sie verhindern mit ihren trügerischen Beschönigungen jede weitere so notwendige Auseinandersetzung der Psyche mit der Todesbedrohung.

Die erfolgt in der zweiten Phase der Auseinandersetzung allerdings als *Emotionschaos*. Es mag Kranke geben, die nun zornig aufschäumen, in blinder Wut um sich schlagen, Gott, das Schicksal, die Welt anklagen und seelisch blutend gegen Mauern trommeln. Dieser Aufschrei vor Klagemauern, die bis in den Himmel ragen, dieses versuchte Aufbäumen gegen Ohnmachtsgefühle angesichts zermalmender Kräfte ist lebenswichtig, wenn nicht das dauerhafte Abgleiten in die Hoffnungslosigkeit der Depression erfolgen soll; denn aus der «Schlangengrube» psychischer Defekte helfen weder Pillen noch Spritzen.

Da ich diese Phase schon einmal durchlebt hatte nach dem plötzlichen Unfalltod unserer einzigen, erst sechzehnjährigen Tochter, wußte mein Unbewußtes aus Erfahrung um die Ergebnislosigkeit solchen Wütens, weshalb die naheliegenden Fragen des «Warum?» nur sehr zögernd aufstiegen. Warum gerade ich? Selbst Bekannte fragten mich immer wieder hilflos: Warum gerade Sie? Hat man Sie nicht schon genug im Leid geprüft? Warum gerade jetzt? Wo liegt die Logik dieser Krankheit bei dieser vorherigen Lebensführung: ohne zu rauchen, ohne zu trinken, bei maßvollen Gewohnheiten zu essen, reichlicher Gartenarbeit, vielem Wandern? Selbst Schuldgefühle machen sich breit. Man dreht sich im Kreise: In Gedanken fetzt die Welt vorbei, flirrend, irritierend. Aber eine Begründung muß her, gleichgültig, ob medizinisch richtig, logisch, stimmig. Erst die Annahme einer vermeintlichen Ursache endigt das Gefühlschaos, leitet über zur dritten Phase, die mit der längst angelaufenen Therapie zusammenfällt.

Der Todkranke hat seine Gesundheit unwiderruflich verloren, selbst wenn ihm noch Jahre des Aufschubs gegönnt sein sollten, und mit der Krankheit die Jahre glückhaften Erlebens. Die sich ins Endlose dehnende Zeit der Krankenhausnächte wandelt sich zur Erlebenszeit des *Erinnerns,* zu einem Aussondern und Sieben, einer kritischen Prüfung dessen, was sich nicht aussieben ließ. Über den trostlos kalkigen Plafond des Krankenhauszimmers huschen kaleidoskopisch wechselnd die versöhnlich stimmenden farbigen Bilder angenehmer Vergangenheit, denn die Erinnerung an Kümmernisse und Beschwernisse hat das Unbewußte ohnehin meist schon gnädig gelöscht.

So endet diese Phase mit Gefühlen des Ausgesöhnheitseins, der Zufriedenheit mit dem Erreichten, sofern dieser Abschnitt im Sinne einer Krisenüberwindung abgeschlossen wird.

Dazu gehört die radikale Annahme des Geschicks, das bewußt gesetzte *Ja zum Tode,* zum eigenen Tod! Zu solcher Wahrhaftigkeit sollte die Ehrlichkeit der Mediziner rechtzeitig verhelfen, zu Erinnerungshilfen gehabten Glücks wären jetzt Bezugspersonen dienlich, zu Gefühlen der Dankbarkeit müßten Theologen nun führen über das gehabte Geschenk Gottes.

Denn jene, die weiterhin getrieben werden von einer Unrast des Tunmüssens, sind allein deshalb schon des Todes, im diesseitigen und im metaphysischen Sinne, weil sie den Durchgang in die letzte psychologische Phase einer Todesbewältigung nicht vollziehen können. Es ist das Erlebnis des Todes als eines Abschließenden, als eines Vollenders, als eines Umwandlers; eines Verwandlers. Der Sterbende wird sich selbst psychologisch zu einer inneren Figur des Abgelebten als Voraussetzung für ein Gewandeltwerden; denn der Tod ist niemals Ende, sondern immer nur Wechsel. Nur durch das Erlebnis des Todes realiter kann ich metaphysisch auferstehen, nur im virtuellen Erleben des Todes erfahre ich auch den Durchgang zur Gesundung. Niemand hilft dem Kranken durch angeblich schonendes Kaschieren, Lavieren, Winden und Drehen. Nach Gabriel Marcel erfährt der Mensch im Eingehen des «engagements» allein echte Wirklichkeit, im besonders mutigen, selbstvergessenen Einsatz. Nur die Brutalität der Wahrheit kann ihm helfen. Man sollte sich keine Vorwürfe machen, wenn ein Mensch an ihr zerbricht, er hätte auch sonst nicht «überlebt», weil sich dem Kranken der Durch-

bruch zu einem neuen Selbst- und Weltbezug ohnehin nie er-
öffnet hätte im Verdrängen der vollen Wahrheit.

Eigentlich ist es unverantwortlich, Mediziner und Theologen
ohne psychologische Schulung ans Werk gehen zu lassen. – Auch
Dr. M., mein Onkologe in Großhadern, gehörte zu den psychologischen Banausen, aber seine rücksichtslose Offenheit mir
gegenüber machte fast alles wett. Als er mir in der ersten Visite
bereits eröffnete «Sie sind Entwicklungsstadium III b» (von IV
möglichen), mit der richtigen Unterstellung, ich wüßte, in welchem fortgeschrittenen Stadium der Krankheitsentwicklung ich
mich befände, hat er unwissend bereits den psychologischen
Heilungsprozeß eingeleitet als notwendige Voraussetzung für
den angestrebten physischen. – Leider weiß man so etwas erst im
nachhinein!

Vom Mut des Sich-Öffnens

Nein, nein, nein! Der Krebs ist eine völlig unbesiegte Krankheit.
Sie bleibt «akut», ist also in keinem Stadium mit dem überblick-
baren Ablauf einer chronischen Krankheit vergleichbar, kann in
jedem Augenblick wieder überraschend ausbrechen. Jeder ver-
antwortungsbewußte Onkologe wehrt sich zu Recht, eine positive Prognose zu stellen oder eine mögliche Rückfallprognose.
Jeder habe seinen eigenen Krebs, heißt es richtig. – Gewiß, es
gibt Zahlen statistischer Wahrscheinlichkeit dahingehend, wie
viele Monate Lebenserwartung bei bestimmten Tumorerkrankungen noch bestehen. Sie sind unverrückbar, aber nur den Ausnahmen, die aus der statistischen Wahrscheinlichkeit herausfal-
len, gehört die Aufmerksamkeit der illustrierten Sensations-
presse. – Was nützt es zu wissen, Lymphome seien zu achtzig
Prozent heilbar, wenn man – wie ich – plötzlich zu jenen zwanzig
Prozent gehört, deren Geschwulst auf Zytostatika nicht mehr

anspricht und von der Art der Erkrankung her nicht operabel ist? Zahlenspielereien dieser Art sind für den einzelnen Patienten ohne Aussage, sie haben nur einen Wert für die Wissenschaft. Oder sollte es für mich ein Hoffnungsschimmer sein, zu wissen, meine Art Lymphom streue nur zu acht Prozent in andere Organe? – Ich werde unwiderruflich an Krebs sterben, entsprechend statistischer Wahrscheinlichkeit in durchaus absehbarer Zeit, sei es in einem Jahr oder mit Zeitverzögerung – dem allein erreichbaren Therapieerfolg – in vier oder zehn Jahren. Diese Tatsache ist unumstößlich, allein meine Einstellung dazu läßt sich einrichten, anpassen, ermöglicht psychologisch vielleicht, diesen Sterbensprozeß zu beeinflussen.

Indem ich meine Psyche auch in Briefen an meine Kollegiatinnen sezierte, löste ich eine Flut warmherziger Teilnahme aus, von Geständnissen darüber, was ich einzelnen Mädchen pädagogisch bedeutet habe, von tiefer Dankbarkeit – aber auch das verwunderte Kopfschütteln vieler Lehramtskollegen, die wohl meinten, ich giere auf unlautere Weise nach Sympathie. Dabei habe ich nur das getan, was Karl Jaspers als Voraussetzung für eine tiefere Kommunikation zwischen den Menschen angesehen hat, was allein den inneren Kontakt zum anderen Menschen schafft: der Verzicht auf die übliche schützende Maske der «Persona», auf jedes natürliche Sicherheitsstreben im Mut zum Sich-Öffnen, zur inneren Nacktheit vor dem anderen Menschen mit dem unvermeidlichen Risiko des Verschmäht- oder gar Verspottetwerdens.

Vorbild ist mir immer der von Historikern oft verunglimpfte, von Schiller gar karikierte Philipp II. von Spanien gewesen. Auf der Schlackenhalde des Guadarama-Gebirges unweit Madrids ließ er aus dem unverputzten grauen Granit Peralejos das Monument von Kaserne, Kloster, Schloß und Totengruft bauen: «El Real Monasterio de San Lorenzo del Escorial». Als die Basilika des Escorial und die darunterliegende Gruft fertiggestellt waren, holte Philipp überall aus dem Lande die Toten seiner Familie heim. So geschah es über ein Jahr lang: Von betenden Mönchen begleitet, von Soldaten eskortiert, zogen die düsteren Trauer-kondukte durch das Land, der Gruft des Escorial entgegen. In der Mitte der Toten kam Philipps Vater, Karl V., zu liegen, der Kaiser, unmittelbar unter den Füßen des zelebrierenden Priesters. Die Stundengebete der Hieronymitenmönche hallten in die Arbeit des Königs und noch in seinen Schlaf, denn die beiden fensterlosen Räume für Ruhe und Tat besaßen eine Öffnung in Höhe der Altarstufen und gaben den Blick frei auf den zelebrierenden Priester und die heilige Wandlung. Die beiden auch tür-losen Räume des Königs verband ein quergelegter dritter. Zwischen dessen zwei hohen Fenstern die «Sieben Todsünden» des Hieronymus Bosch. In seine Gemälde vertiefte er sich gern wegen ihrer religiös-moralischen Inhalte. – Nicht kläglich, sondern beklagenswert das Ende dieses Mannes, der über ein Reich gebot vierundzwanzigmal größer als das «Imperium Romanum». Seine weltumspannende Macht symbolisierte der Globus in seinem Arbeitszimmer, seine Ohnmacht die Gruft der Ahnen unter ihm.

Der mächtigste Mann des Erdenrunds lag, von Durst, Fieber, Schmerzen bis an den Rand des Wahnsinns getrieben, in einem Dunst eigener Verwesung und Fäulnis, im Gestank von Urin, Exkrementen, Blut, Eiter. Aber noch in diesen schrecklichen Wochen bemühte er sich, Vorbild zu sein. Ehe er starb, ließ er die einunddreißigjährige Infantin Isabel Clara Eugenia, seine Lieblingstochter, und den zwanzigjährigen Thronerben, Prinz Philipp, rufen. Man mußte seinen Körper vor ihnen entblößen. «Ich habe euch kommen lassen, damit ihr seht, wie alles endet.» Ein «memento mori» von erschreckender, aber gewiß auch echt spanischer Realistik, wie es Ludwig Pfandl beschrieben hat: Eine Demonstration aller Hinfälligkeit, auch Ohnmacht aller königlichen Macht und Herrlichkeit.

Nun denn, so will auch ich die Laken von den Schwären des Körpers und der Seele reißen.

Krankengeschichte – Teil I

Dies sind die Notizen der ersten vier Krankheitsmonate
(der psychologischen «Trauer»-Phasen I und II).

April 1987: Gevatter Tod hat wieder einmal die Hand liebevoll auf
meine Schulter gelegt. Er bediente sich diesmal des Röntgendiagnostikers Dr. L. in der hiesigen Computer-Tomographie des Städtischen
Krankenhauses. Seitdem bin ich Tumorpatient.
Das erste Gespräch mit Hedwig noch mittags. Wir umstampften in
milder Aprilsonne auf Wiesen den Kaiserweiher. Hedwig reagierte
mit Ungläubigkeit, wie auch die Ärzte in der Neurologie, die mich seit
vierzehn Tagen auf angebliche Bandscheibenschmerzen behandelten. – Ich faßte spontan den Entschluß, das möglicherweise diktierte
Ende selbst zu gestalten. Viel Mitleid mit Hedwig. Allein um ihretwil-
len wollte ich noch kämpfen.

Mai 1987: Am 5. 5. begann das Tickern der Apparate: Leberaufzeich-
nung, Knochenszintigramm, Rückenmarkspunktierung, Suche nach
dem Gelbsuchtvirus der Kriegszeit, operativer Eingriff in die Lymph-
knoten des Halses für die histologische Probe, Flüssigkeitsentnahme
aus dem Knochenmark des Brustbeines. – Der Oberarzt schlug die
Röhre brutal wie einen Nagel ein. Ein Vakuumschmerz beim Heraus-
ziehen von wahnsinniger Intensität.
Das Fallbeil heißt «hochmalignes zentroblastisches Lymphom».
Man streitet sich an den Universitäten noch über die Variante. Rein
akademischer Streit angesichts dessen, daß es immer ein Fallbeil
bleibt.
Hedwig empfing das unwiderrufliche Urteil von unserem Hausarzt,
Dr. H., am 22. 5. 1987 in der zwölften Stunde telephonisch. Sie hat es
mir ebenso unumwunden mitgeteilt nach meiner Rückkehr von einem
kleinen Spaziergang, wie ich jenes des Röntgendiagnostikers. – Was
nun?

Mein physischer Zustand entsprach längst der Diagnose: miserabel. Gewichtsverlust, kein Appetit, erheblich gesteigerte Rückenschmerzen. Es gab eigentlich keine Diskussion. Hedwig war die treibende Kraft zu kämpfen. Sie allein, sie machte in diesen Wochen immer wieder Mut – selbst in dieser Stunde, da sie der Verzweifelungsschock nun auch zu zeichnen begann.

Die nicht-menschlichen Züge der Medizin sind grotesk. Der Röntgendiagnostiker bekommt zur Computertomographie stündlich ein Objekt in den Schacht geschoben, von dem er gerade noch den Namen erfährt. Dem Histologen an den Universitäten Würzburg und Kiel mangelt sogar der flüchtigste Patientenkontakt mit mir. So gilt auch nicht das Interesse einem Patienten Müller oder Schulze, sondern lediglich irgendwelchen Tumorzellen. Krebstherapie ist allein auf deren Zerstörung eingestellt. Dieser Prozeß zerstört unweigerlich auch gesunde Substanz. Zerstörungsmedizin! Krebsforschung = Zerstörungsverbesserung.

Die Eingleisigkeit therapeutischer Handlungsmöglichkeit macht jedes Gespräch mit dem Arzt unmöglich. Was soll er antworten auf den Vorwurf der Nebenwirkungen? Wie sollte er reagieren auf die soziale Panik: Berufsende, Ende der Ehe, sofern der Partner nur noch am «Tropf» hängt? Ein Onkologe darf daran nicht denken, er würde zum medizinischen Hamlet. Es ist pervers: Er vermag nur zu helfen durch Zerstören!

30. Mai 1987: Ein schöner Gang mit Hedwig auf den Höhenwegen der Moosmangwiese. Hedwig: «Was würde aus mir?» Das Gespenst der Halt- und Ziellosigkeit springt ihr in den Nacken, beugt sie: soziale Deklassierung, innere Einsamkeit. Ein Lebensende der Ersatzhandlungen: Kramen in Erinnerungen. Wie hätte Hedwig das verdient?

Alles ist nichtig geworden. Die Besessenheit eines Nachbarn, seinen Balkon zu erneuern, befremdet; die lärmende Musik vom Rummelplatz bewirkt das Kopfschütteln des Unverständnisses. Vor zwanzig Jahren hätte ich mich noch ehrgeizig verzehrt darüber, was ich nun nicht mehr schreiben könnte. Es wird auch in einem künftigen Leben der Wiedergeburt Berge geben zum Wandern, Bücher und die Möglichkeit zu schreiben. Alles ist ersetzbar, austauschbar, alles – nur nicht der zwischenmenschliche Bezug. Die Liebe zu Hedwig wird von Tag zu Tag tiefer, inniger, schmerzender.

31. Mai 1987: Hedwig hat heute morgen meinen Zustand angesprochen, dieses unausgesprochene ständige Fragen: Wann? Wann ist es soweit? Die Morgenstunde belastet am stärksten. – Ob es mir vielleicht in Wien gelänge, eine Pistole ohne Waffenschein und ohne Rückmeldung in die Bundesrepublik zu kaufen? Das sind die heimlichen Gedanken.
Hedwig versucht, mir jeden Wunsch vom Munde abzulesen. Ihr liebevolles Tun schmerzt doppelt: Sie will alles, aber auch alles getan haben, wenn mein häuslicher Aufenthalt womöglich der letzte wäre. So wird jedes Tun zu einer Letzthandlung, selbst wenn uns noch Jahre geschenkt sein sollten.
Glück, daß Dr. H. in die alternative Behandlung mit Iscador (Mistel) eingewilligt hat. Er will schon vor fünfundzwanzig Jahren darüber wissenschaftlich geschrieben haben, er durfte auch klinisch damit arbeiten. Teilweise sensationelle Erfolge. In einem vertraulichen Gespräch: Auch er würde zunächst diesen Versuch wagen statt einer chemotherapeutischen Behandlung. Es geht ohnhin schon nicht mehr um mich. «Ich weiß, es geht um Ihre Frau!»
Nun beginnt vor der Welt das Lügenschauspiel. Ich mime zunehmende Gesundung von angeblichen «Entzündungszellen» der Lymphe. – Hinter meinem Rücken wird man dennoch tuscheln.
Ich stelle mir vor, mit Zytostatika-Glatze und abgefallenen Augenbrauen durch die Straßen schleichen zu müssen, wie der irre Hölderlin um den Wohnturm am Neckarufer oder der syphilitische Franzl Schubert durch Wien. – Das wäre ein ganz neues pädagogisches Exempel: Den Hauch des Grauens verbreiten.

3. Juni 1987: Von Freitag bis Dienstag entzündlicher Prozeß. Unerträglich auch von der psychischen Belastung her. Schmerzen! Metastasen? Ich glaube Knötchen im Hodensack zu fühlen. Die Ungewiß-

heit zerreißt. Das wäre ein schnelles Ende. Hedwig läßt mich zum Arzt fahren mit dem Entschluß, den Weg des abrupten Abschieds weiterzugehen statt den klinischen des quälenden Dauerabschieds. Wir rechnen beide mit dem Letzten! – Die befreiende Diagnose: Epididymitis.

Unsere Angst beginnt, Ungeheuer zu gebieren. Das Szenarium wird kafkaesk. Spannungszusammenbruch. Erschöpfungszustand. Neubeginn. Wie lange noch? Man könnte eines Tages gegenüber diesen Schwankungen so abgestumpft sein, daß man ein Ende sogar herbeisehnt. – Gestern sah ich mich bereits an einer bekannten Steilwand der Allgäuer Berge stehen.

Die intellektuellen Reaktionen auf das Ausgesetztsein der letzten Wochen waren merkwürdig. Es gab keine theologischen oder philosophischen Fragestellungen mehr. – «Warum?» «Wozu?» «Wieso ich?» – Alle gemeinsamen Reflexionen über Karin, über den Unfalltod unseres einzigen Kindes, haben ohnehin die Unbeantwortbarkeit solcher Fragen ergeben. Am wenigsten bietet die Religion Auswege. Soll sich der Mensch im Gebet bedanken für den Tod des Kindes und die Tumor-Herausforderung? Dann müßte ich egoistisch nur an mein eigenes Seelenheil und die dafür vermeintlich nötigen Prüfungen denken und von Hedwig völlig abstrahieren. Wo bliebe nach dem Tod des Kindes und Mannes die Lebensgerechtigkeit für sie? – Sollte ich aufbegehren? Den Unsinn einer Rebellion überläßt man unreifer Jugend. Sollte ich bitten, betteln, jammern, flehen? Was wäre das für ein seltsamer Gott, der auf dieses Winseln dann seine Entschlüsse und «Zulassungen» ändert? Die unnahbare Erhabenheit der Größe Gottes verbietet mir diesen Weg.

In meiner Situation rückt mir germanische Religiosität erneut nahe: Das unerbittliche Schicksal, wie es die Nornen knüpften, erfordert den kämpferischen Mitvollzug – selbst noch im verhängten Untergang. – Ich habe mit Hedwig vorgestern tief bewegt Gottfried Benn gelesen und Nietzsche:

Nur zwei Dinge

«Durch so viel Formen geschritten,
durch Ich und Wir und Du,
doch alles blieb erlitten
durch die ewige Frage: Wozu?

Das ist eine Kinderfrage.
Dir wurde erst spät bewußt,
es gibt nur eines: ertrage
– ob Sinn, ob Sucht, ob Sage –
dein fernbestimmtes: Du mußt.

Ob Rosen, ob Schnee, ob Meere,
was alles erblühte, verblich,
es gibt nur zwei Dinge: die Leere
und das gezeichnete Ich.»
(Gottfried Benn, 1953)[5]

*Zarathustra-Haltung ist gefordert, über sich selbst
hinauswachsender «Übermenschen»-Heroismus.*

*8. Juni 1987: Mein linker Hoden ist auf dreifache Größe angeschwol-
len. Überweisung zum Urologen. Diagnose: Eventuell Druck einer
Leistenbruchanlage auf eine Vene. Dr. R. trägt mir versteckt den Gedanken nahe, daß die Geschwulst in Gegend der Nierenhili gewach-
sen sein könnte und den Venenstau auslöse. Therapie: Roßkastanie.
Ich muß ein lästiges Suspensorium tragen.*
*Appetitlosigkeit, ständiges Aufstoßen, dick belegte Zunge. Fleisch
widert an, besonders aus der Pfanne. Eindeutiger Hang zu Milch-,
Käse-, Heringsprodukten. – Für Hedwig, die den Gewichtsverlust
ausgleichen möchte, eine schwierige Situation. Seit Mitte April in der
Woche ein Pfund. Ich trinke gern Gemüsesäfte, bevorzuge Salat.
Wahnsinnige Rückenschmerzen. Ebensolche Schmerzen durch die
Hodenbehinderung. – Beim Ausrechnen der Bilanzkarten für die Kol-*

legstufe etwas Ablenkung. Der Brief an Dr. G. vom Kreiskrankenhaus abgegangen, in dem ich begründe, warum ich eine Chemotherapie verweigere.

11. Juni 1987: *Frühmorgens schmerzfrei. Nach dem Mittagsschlaf stechende Schmerzen im Brustkorb. – Die Situationen wechseln stündlich.*
Vorgestern nacht Traumbilder beim nächtlichen Aufwachen. Träume, die sonst gewöhnlich nicht erinnerbar sind, wenn ich durchschlafe, machen mir jetzt die Belastung des Unbewußten deutlich. Schmerzen veranlassen den Unterleib, sich umzuwälzen, was zusätzliche Schmerzen verursacht.
Zwei Traumbilder wahrscheinlich von symbolischer Bedeutung: Ich kletterte eine Felswand empor. Schwierigkeitsgrad VI. Nicht die geringsten Angstgefühle. – Ich sprang in den übermannshohen Zweigen einer blühenden Forsythie umher, die sich wie ein Grasbüschel zu öffnen schien. Das Unbewußte setzt also zum eingeschlagenen Weg positive Signale.
Wußte mein Unbewußtes vom Herannahen dieser Todeskrankheit schon viele Jahre zuvor? Warum hätte ich sonst Artikel über Tumorheilungen abgelegt? Nein, das ist Zufall! Die Mappe Medizin ist mit allem möglichen Material gefüllt.
Prof. Erwin Gaubatz, der langjährige Chefarzt der Lungenchirurgischen Spezialklinik in Heidelberg-Rohrbach, berichtete in der Fachzeitschrift «Pneumologie» über neun Patienten, die sich der üblichen klinischen Nachbehandlung mit Zytostatika (Endoxan, Trenimon, Cealsin) entzogen. Von 275 so behandelten Tumor-Patienten hatten eine Überlebenschance von fünf Jahren 27 Prozent des Entwicklungsstadiums II, niemand jedoch des Entwicklungsstadiums III. Von den neun Krebskranken (Stadium II und III), die sich der üblichen Behandlungsmethode entzogen hatten und deren Operation fünf bis sechzehn Jahre zurücklag, lebten noch acht. Alle ließen sich mit einem Mistel-Präparat weiterbehandeln. Verstorben scheint einer dieser Patienten zu sein, weil er die Mistel-Behandlung nur unregelmäßig durchführen ließ. Mistel soll über fünf Jahre gespritzt werden.

Prof. Gaubatz: «Die Nachbehandlung mit ‹Viscum album› (Mistel) führt zu Überlebenszeiten, wie sie mit keinem der bekannten Zytostatika erreicht wird. Es hat überragende Bedeutung.» – Bei Magen-, Darm- und Brustkrebs soll die Mistel übrigens Metastasenbildungen in ähnlicher Weise verhindern.

15. Juni 1987: Nach zwei nahezu schmerzfreien Tagen des kraftlosen Dahinvegetierens heute der erste leidlich «normale» Tag: Tippen der nächsten Kollegstufen-Klausur. Leichte Aufräumarbeiten. Während des Mittagsspazierganges in der regenwarmen Luft würgt es mir die Atmung ab. Schmerzen in der Lunge.

Gestern war Pfarrer G. bei mir. Hedwig muß ihm Andeutungen über meine Glaubensschwierigkeiten gemacht haben. Sie betreibt anscheinend meine Aussöhnung mit der Kirche, fädelt den erneuten Zugang zur «Heilsanstalt» ein. Nun gut. Warum nicht? Wir haben Thomas G. offen erzählt von den Lügen der Kleriker und Nonnen und natürlich des Direktorats der Schule um Karins Tod. G. weiß, daß ich selbst mit dem Tod kämpfe. Er sieht mein Geständnis, nicht beten zu können, als Not und will wiederkommen.

Lawrence LeShan hat mir das Ursachenpsychogramm meiner Erkrankung geliefert. 76 Prozent aller von LeShan untersuchten Krebspatienten zeigten ein signifikantes emotionales Muster dreier Hauptaspekte:

1. Aspekt: Kindheit oder Adoleszenz waren von Gefühlen der Einsamkeit gekennzeichnet[6], unabhängig davon, was ein Kind durch gute Noten oder künstlerische Begabung erreichte[7].

2. Aspekt: Im Leben dieser Patienten gab es eine bedeutsame Beziehung, die das Gefühl des Angenommenseins und Lebenssinn vermittelte[8].

3. Aspekt: Er umfaßt den Verlust dieser zentralen Beziehung oder jener das Leben füllenden Rolle[9], was diese Tumor-Patienten auch der «emotionalen Ausdrucksmöglichkeiten beraubte»[10].

«Oberflächlich gesehen vermochten sich alle dem ‹Schlag› anzupassen. Äußerlich funktionierten sie auch weiterhin und gingen ihren täglichen Verrichtungen nach. Aber die ‹Farbe›, der Schwung, der

Sinn war aus ihrem Leben gewichen, es schien keine Bedeutung mehr zu haben. Sie empfanden ihr Leben als leer – Gestalt ohne Form, Schatten ohne Farbe; gelähmte Kraft, Geste ohne Bewegung... wie T. S. Eliot es einmal ausdrückte...

Ihren Mitmenschen gegenüber, sogar jenen, die ihnen nahestanden, machten sie den Eindruck, daß sie sehr gut mit dem Verlust zurechtkamen..., daß sie zufriedener und mehr im Einklang mit sich selbst seien als zuvor. In Wirklichkeit war es der falsche Frieden der Verzweifelung. Sie warteten nur noch auf den Tod, denn dieser schien der einzige Ausweg zu sein. Sie waren bereit zu sterben. Und in einem sehr realen Sinne waren sie schon gestorben...

Innerhalb von sechs Monaten bis acht Jahren zeigte sich der tödliche Krebs.»[11]

Sic! sagt der Lateiner. – Auch ich würde in die emotionale Lebensgeschichte der Tumorpatienten passen, wie sie LeShan an 500 Patienten gefunden hat:

Während der Kindheit (3.–10. Lebensjahr) nässende Ekzeme an den Beinen. Im Gegensatz zu anderen Kindern benachteiligt, «behindert». In die Adoleszenz fielen die Heimkehr aus dem Krieg, die damit verbundene Ehrverletzung und Diskriminierung, unterdrückte Gefühle der Ohnmacht und Wut gegenüber den Ungerechtigkeiten der Vertreibung; Empfindungen der Deklassierung als Vertriebener; angestaute Empörung über die Gleichgültigkeit und das Desinteresse westdeutscher Umwelt. War das der Dank für die verbissene Verteidigung der Oder-Linie? – In der 2. Phase erst fühlte ich mich voll angenommen mit der Selbstverwirklichungsrolle als Vater durch Karin. Rückzug auf das private Glücksgefühl. – Schließlich die 3. Phase: Verlust Karins durch Verkehrsunfall. In den abblockenden Zweckbehauptungen zweier Geistlicher und einer Klosterschwester brach jener Glaube an Gerechtigkeit und eine christliche Lebenshaltung zusammen. Ein innerer Bruch mit dem «Rechts»-Staat und mit der Kirche folgte. Isolierungskordon durch Lehrerschaft und Gesellschaft. Kanalisierung aller Emotionen im Interesse notwendiger Arbeitsfortsetzung. – Krebs.

Dr. David Kissen stellte in einer klinischen Untersuchung eine Sterblichkeitsrate von 270 Lungenkrebspatienten im Jahr fest (bei 100 000 Personen), sofern für Patienten wenig Möglichkeiten bestanden, ihre Emotionen auszudrücken; die Sterblichkeitsrate lag dagegen bei 59 unter Menschen, die den Emotionsstau ablassen konnten[12].

Unsere technisierte Gesellschaft der Emotionsunterdrückung sollte sich eines 3000jährigen jüdischen Brauchs erinnern. In solchen Situationen des Kindverlustes, wie wir ihn hinnehmen mußten, schloß man sich mit Angehörigen, Freunden und Menschen, die ein ähnliches Leid erlitten hatten, sieben Tage ein, um gemeinsam zu weinen, zu klagen, anzuklagen, zu toben. Das Leid wurde dadurch nicht ungeschehen, aber man lernte in diesen Tagen, mit ihm umzugehen. – In anderen Kulturen kannte man die Klageweiber. – Wieviel humaner, wieviel psychologisch «fortschrittlicher» waren diese nichtchristlichen Kulturen!

Die drei beschriebenen Hauptaspekte des emotionalen Musters von Krebspatienten werden nach LeShan zusammengehalten von einer Weltsicht, nach der sich der Mensch den Moiren unterworfen sieht, dem Weben einer unpersönlichen Schicksalsmacht, was den Trost eines liebevollen Gottes ausschließt[13]. – Auch in diesem Bild finde ich mich wieder. LeShan untersuchte in vierzehnjähriger Forschungsarbeit 250 Patienten. Die Interviews dauerten jeweils zwei bis acht Stunden. Von 50 Patienten befragte man die engeren Angehörigen in Gesprächen von ein bis drei Stunden, 40 weitere Verwandte kamen zu psychologischen Konsultationen. Dadurch erhielten die Berichte der Patienten Bestätigung oder Informationsergänzung.

Frau von U. hat mir ein Buch geschickt, nachdem ich ihr vor Wochen telephonisch von meinem angeblichen Bandscheibenmißgeschick erzählte.

Man hat erkannt, daß die Hirnrinde bei Immunreaktionen beteiligt ist. Nach Mäuseversuchen scheint der linken Hemisphäre unserer Hirnrinde eine Kontrolle über die Reaktivierung der «Killer»-T-Lymphozyten zuzukommen. «Geschwind und Behan haben eine verblüffende Beziehung zwischen Linkshändigkeit (Dominanz der rechten Hirnhemisphäre) und Störungen des Immunsystems identifiziert.»[14] – Krebs als Preis meiner Linkshändigkeit?

Geistig Behinderte oder verhaltensgestörte Personen besitzen einen selektiven Schutz vor Krebs, er macht als Todesursache bei ihnen nur 4–5 Prozent aus gegenüber 15–18 Prozent unter der restlichen Bevölkerung[15]. – Sadismus der Natur!

Dieser Sadismus der Natur gipfelt in empörenden Ungerechtigkeiten: Auch Soziopathen zweier Anstalten, die teilweise gräßlichste Verbrechen begingen, zeigten kaum Anfälligkeiten für Krebs, wahrscheinlich deshalb, weil sie Streß, Angst, Zorn sofort ausagierten, so daß sich bei ihnen chemische Substanzen als Folge von Verdrängungen nicht ablagern konnten[16].

Vendetta als Therapie? Krebs ein Preis der Humanität? Die Grotesken jagen sich. Ist Sittlichkeit also widernatürlich?

Man testete charakterlich Krebspatienten, die ihre Lebenserwartung von höchstens zwölf Monaten überlebt hatten. Ihr Profil zeigte ein starkes Ego, Selbstsicherheit, Vitalität; sie waren kreativer, offener für neue Ideen und Behandlungsmethoden, flexibler, kritisch, manchmal auch rechthaberisch, mit nicht immer besten Meinungen über ihre Ärzte. «Sie suchten keine Ermutigung von außen, sondern wendeten sich nach innen.»[17] Patienten, die sich gut erholten, beherrschten die Kunst des Kämpfens, bevor man ihnen eine Diagnose stellte. «Menschen, die mit vielerlei Schwierigkeiten konfrontiert wurden und sie überwunden haben, haben gelernt, ihr Verteidigungssystem zu mobilisieren, sie wissen um ihre inneren Kraftreserven.»[18]

Gelobt seien also die Schindereien des Krieges, der Verwundung und Gefangenschaft! So etwas heißt wohl Konditionierung. Ein Dank auch jener faschistischen Nietzsche-Pädagogik: Was mich nicht umwirft, macht mich nur noch stärker!?

Die nur kurzfristig überlebenden Tumorpatienten zeigten ein Profil, das ihnen bisher oft im Leben zum Vorteil gereichte: «Freundlichkeit, Gutherzigkeit, Nachgiebigkeit, eine fröhliche Natur» – Eigenschaften also, die «im Kampf gegen die Krankheit versagen»[19].

Auf eine Kurzformel gebracht:

1. Zweiundsiebzig Prozent der Krebspatienten hatten nach LeShan den Verlust einer entscheidend wichtigen Beziehung hinzunehmen[20]. Man weiß zudem auch, daß «der Verlust eines geliebten Menschen

das Immunsystem hemmen, ja lähmen kann»[21]. Wissenschaftler der Psychoneuroimmunologie haben festgestellt, wie aus einer Fernsehsendung zu entnehmen war, daß sechs Wochen nach dem Tod eines geliebten Partners die Abwehrkraft auf $1/10$ gesunken war!
2. Krebspatienten konnten Wut, Ärger und hochgradig aggressive Gefühle – aus welchen Gründen auch immer – nicht ausdrücken.

19. Juni 1987: Wir sprachen auf einem Spaziergang über Hedwigs Situation nach meinem möglichen Tod. Es wäre fast unmöglich, das Haus für zwei Familien umzubauen oder zu vermieten. Lediglich der Ausbau des Dachgeschosses für Hedwig und das Überlassen des übrigen Hauses an Anja, Christine und Georg bieten sich als einigermaßen tragbare Lösung an. Bittere Witwenüberlegungen. Hedwig übermannt die Furcht vor dieser Situation. Wenn sich das Haus nicht halten ließe, hätte sie alles verloren, was in einem langen Leben von uns erarbeitet worden ist.

28. Juni 1987: Am Dienstag lief ein Wünschelrutengänger das Haus ab. Allein unter meinem Bett hindurch läuft (auch über eine Ecke von Hedwigs Zimmer) die sehr schwache Ausstrahlung einer Wasserader. – Nebenleistung: Geistheilerhokuspokus: Hand auflegen, angebliches Aufladen von Wasser in einem Glas, auch das Aufladen einer Visitenkarte. Endlosstorys angeblicher Heilerfolge. Man testete mit der Wünschelrute meinen Körper ab. Ergebnis: Ich würde niemals an Krebs erkranken! Das Herumstehen hatte mir Qualen bereitet, aber diese Diagnose erzwang selbst dann noch ein Lächeln. – Höflicher Rausschmiß.

29. Juni 1987: Am Sonntag hat mich mein ehemaliger Kollege, Pfarrer G., besucht. Wir haben die Jugendsünden der Intellektuellen freimütig ausgetauscht mit ihren Folgen der Lebensfremdheit. Bücher mit der Gier von «Reißwölfen» angehen! – Tage zuvor hatte ich Hedwig meine Abwendung vom Problematisieren angekündigt und eine beginnende Zuneigung zu Stifter. Genau in dieser Haltung begegnete ich Thomas G., dem gut Vierzigjährigen. Entscheidend für seinen

Rückzug auf Stifter scheint die eingestandene Hilflosigkeit zu sein, problematisierend auf Grundsatzfragen antworten zu sollen: Was ist die Ursache von Leid? Was ist Gerechtigkeit? – Die Kirche würde durch solche Eingeständnisse glaubwürdiger.

5. Juli 1987: *Nach dem Kraftgewinn durch Schulstreß («runners high»?) wieder eine miserable Woche des Tiefs.*
Hedwig bringt die Broschüre einer alternativen Krebstherapie mit, die von einer Frau unserer Stadt tatsächlich mit Erfolg angewandt worden sei. Sie ist von der darin beschriebenen «Krebs-Saft-Kur-total» fasziniert und richtig optimistisch froh. Nach der keineswegs belegten Theorie des Bludenzer Heilpraktikers aus dem Montafon, Breuß, bezeichnet seine «Krebskur-total» eines zweiundvierzigtägigen Fastens mit lediglich kleinen Gaben von Gemüsesäften und Tees eine «Operation ohne Messer», da der Organismus ohne Eiweißzufuhr sein «eiweißhungriges Blut» stillen würde «an allem Überflüssigen, Wucherungen, Schlackenansammlungen und Geschwülsten»[22].
Ich wehre mich zunächst erfolgreich gegen den begleitenden Einsatz einer abgemilderten Gemüsesaft-Kur. Bei fortlaufender Appetitlosigkeit belastet meinen Magen bereits die Astronautenkost. Hedwig bedrängt mich, wenigstens einer begleitenden Teekur zuzustimmen. Sie kämpft verbissen mit allen Mitteln. Also: Storchenschnabeltee gegen Krebs; zehn Minuten gekochter Salbeitee gegen die Krebs- und Bandscheibenschmerzen, verteilt über den Tag und die Nacht. Beim Zusatz eines dritten, eines Nierentees, streikt der Magen.
Kompromiß: Ich willige ein in eine «Krebs-Kur-total» nach Breuß im Falle der medizinischen Diagnose: unheilbar. – In einem solchen Falle wäre diese Kur auch eine mögliche natürliche Hilfe zum Suizid, den man schon im Altertum durch Hungern herbeiführte. Tod oder Leben durch Fasten. Letztmögliche Grenzsituation mit offenem Ausgang. Steigerung des Lebens in ein Letztextrem. Die Aussicht gefällt mir!
Donnerstag. Am frühen Morgen ein Herzanfall. Krämpfe um den Brustkorb. Korodin. – Am Abend scheine ich mich «versessen» zu

haben. *Irre Schmerzen. Ratschlag: Kartoffelsack. Hedwig kocht Pell-kartoffeln. Eine heiße Auflage auf die Nierengegend bringt Nerven-beruhigung, vielleicht auch Erleichterung durch Überwärmung der Krebsgeschwulst.*

Freitag: nach dem Frühstück erneuter Herzanfall. Wie Schmerz-punkte einer Leitung zucken die Stiche um den Brustkorb, in den Wan-genknochen, in den Ohren, über den Schädel. – Hedwig beginnt am Abend mit Kohlblätterwickeln nach Breuß. Sie schwenkt Wirsingblät-ter in warmem Wasser und walkt die Blattrippen kräftig mit einer Fla-sche. Kraut, Leinentücher, Wolldecke. Alte Entgiftungsmethode der Römer. – Im gesunden Zustand hätte ich mich gewehrt gegen den Krautgestank, der in meine geliebten Bücher zieht. Die Apathie nimmt zu. Ablenkend läuft die «Glotze». Eigentlich nehme ich nur noch wahr, daß man fortlaufend mit dem Colt ballert.

In dieser Woche der alles übertäubenden Schmerzen und des umge-drehten Magens erstmals der Wunsch, vom Kampf erlöst zu sein. Die Schwelle nach «Drüben» ist vielleicht niedriger, als man denkt. In der Situation des totalen Unwohlseins gäbe es nicht den geringsten Wi-derstand. Auf der Ebene nur noch physischer Reaktionen fallen alle Reflexionen über Verantwortung und Sittlichkeit weg.

6. Juli 1987: Ich fühle mich ungemein leistungsfähig.

9. Juli 1987: Hohe Leistungsfähigkeit, selbst im Nachmittagsunter-richt von 13.30–14.15 Uhr.
Georg, Christine und Anja räumen mein Schlafzimmer um, damit ich nicht mehr auf den Ausstrahlungen der Wasserader schlafe.

10. Juli 1987: Im Leistungskurs Geschichte eine Klausur geschrieben. Neunzehn Grundkursklausuren Geschichte von Mittwoch an durch-korigiert.

11. Juli 1987: Korrektur der Leistungskursklausur. Ich erbreche zur Hälfte das Mittagessen.

12. Juli 1987: *Ich vertrage mittags noch einen Hühnersalat (Mais, Spargel). Generell ein überstarker Widerwille vor allem Essen und Essengeruch. Am Nachmittag Gelbfärbung des Augenweiß. Fortlaufendes Erbrechen. Schlaflose Nacht. Die Leistungskurskorrektur ist zur Hälfte liegengeblieben.*

13. Juli 1987: Montag. *Dr. H. vermutet zunächst eine epidemische Hepatitis. – Ultraschallkontrolle bei Dr. B.: Metastasen am Leberhilus, in Leber und Milz. Im Blut 5 Prozent Bilirubin (normal unter 1,2). Dr. H. handelt blitzartig. Persönlicher Besuch. Absprache mit Hedwig. Man setzt mich massiv unter Druck. Ich hätte die Pflicht gegenüber meiner Frau, nun einer Chemotherapie zuzustimmen. Hedwigs Zerrissenheit verbietet einen Letztegoismus. Ich willige ein unter dem ärztlichen Versprechen, mir zu helfen, wenn ich zu Hause sterben möchte. Therapiemöglichkeit in diesem Stadium nur das Universitätsklinikum Großhadern. Dr. H. macht mich aufmerksam, daß ich möglicherweise vor einer Leberoperation nicht therapierbar sei. Er läßt keinen Zweifel über die Ernsthaftigkeit dieser Extremsituation. Medizinische Hoffnung liegt allein in der Irrationalität. Man weiß objektiv nie, wie sich subjektiv ein Tumor verhält. – Stundenlange Telephonate mit München um einen Platz II. Klasse. Die wenigen Privatbetten bei Prof. Wilmann sind belegt. Wahlentscheidung: das hiesige Provinzkrankenhaus oder auf Station in der Uniklinik. Wir entscheiden uns ohne Zögern für München. – Ich zwinge mir bis 21.00 Uhr die letzten Korrekturen ab.*

14. Juli 1987: *7.30 Uhr. Ich benachrichtige die Schule. Nur gröbstes formalistisches Krankheitsinteresse. Schulorganisatorische Fragen scheinen wichtiger zu sein. – 8.30 Uhr: Frau K., meine persönliche Sekretärin als Kollegstufenbetreuer, holt die fertigen Notenlisten und korrigierten Arbeiten ab. Tief menschlicher und erschütternder Abschied nach zwölf Jahren gemeinsamer harmonischer Zusammenarbeit.*
Ich erfülle noch Hedwig die Bitte nach einem Text für meine Todesanzeige und die dazugehörige Danksagung. Pfarrer G. soll mich zu

Grabe bringen. Meine Bitte: Oberstudiendirektor S. möge an meinem Grab nicht sprechen, sondern Kollege Schw., der stellvertretende Direktor. Wenn sich die Schule engagieren will, dann wäre es mir sehr lieb, wenn der Schulchor das irische Volkslied «Amazing grace» sänge, in der Textfassung von Lena Valaitis, die mir Karin auf Schallplatte geschenkt hatte: «Und was das Schicksal dir auch bringt, / was immer kommen mag: Es bleibt dir die Erinnerung / an einen schönen Tag.»

Wir sprechen noch detailliert administrative Notwendigkeiten anhand einer Liste durch, die ich dafür fertiggestellt habe (Behördenanschriften, Versicherungsnummern usw.).

Hedwig: «Du kannst sicher sein: Ich bleibe auch ohne dich eine Trautmann.» – Dieses spontane Bekenntnis zu unserer gemeinsamen Lebensart und Weltanschauung, die wir nach Karins Tod gefunden haben, macht mich sehr glücklich. Es waren die Jahre tiefen Leids, die uns reich werden ließen.

Mittags ist es soweit. Abfahrt nach Großhadern. Georg hat sich arbeitsfrei genommen. Er wird fahren. – Bereits am Abend zuvor haben wir ihm und Christine die volle Wahrheit mitgeteilt. Die Sorge galt Hedwig. Unser Angebot: Sie mögen nach meinem wahrscheinlichen Tod in unser Haus ziehen und sich im Alter um Hedwig kümmern. Vor der Abfahrt gibt mir Georg auch dafür die Zusage und Zusicherung. Nach dieser Regelung bin ich sehr zufrieden. Mehr konnte ich für Hedwig nicht tun.

Die Fahrt nach München zur wahrscheinlich letzten Station verläuft still, nur hin und wieder unterbrochen von belanglosen Bemerkungen zum Verkehr.

Der gigantische Betonsarg von Großhadern. Die Nachmittagsankunft in der onkologischen Abteilung F 10 ist unerwünscht. Hedwig kämpft verbissen um Aufnahme. Ein letzter Händedruck, eine letzte Umarmung.

Aufnahme der Krankengeschichte. Zum Assistenzarzt Dr. Gr. baut sich schnell ein Vertrauensverhältnis auf. Ich gestehe, nur unter psychologischem Zwang für meine Frau hier zu sein, und daß ich in meiner Situation absolut nichts erwarte. Unmißverständlich: Ich hätte lieber das Ende gesetzt! Auch meine psychologische Ursachenanalyse verschweige ich nicht. Erste Blutabnahme. Dann bleibe ich allein im Dreibettzimmer.

Das Tagesgetriebe auf dem Flur ist verhallt (Geschirrgeklapper, Besuchsgeräusche). Der Nachtdienst hat sein Angebot gemacht. Am dämmrigen Horizont, wie mit einer Nadel gerissen, die Kette der oberbayrischen Alpen, davor schwarze Waldflecken. Auf den Park-flächen des Klinikums und in den Straßen Münchens, zehn Stock-werke unter mir, die Perlschnüre der aufflammenden Nachtbeleuch-tung. Stockwerkhöhe und Betonkasten schlucken jedes Geräusch.

Ich fühle mich unwirklich erleichtert, entkrampft, «erlöst». Kein Ge-danke an Krankheitsqualen und Tod. Irgendwie glaube ich «ange-kommen» zu sein. Ich bin fast glücklich und äußerst befremdet über diese Reaktion.

Harter Schnitt! – Abblenden der physischen Krankheitsgeschichte. – Aufblenden: Ein Jahr später. Nun: Reflexion über die Krankenge-schichte der Psyche.

Das Verhältnis zu Gott

Ich gehe gar nicht so ungern wieder in die Kirche, vielleicht habe ich gelernt, mich am Klerus nicht mehr zu stoßen. Aufgeregtheiten über das neue Schisma, ausgelöst durch Lefèbvres Bischofsweihen, haben den Charakter des Skurrilen bekommen, obwohl auch mir die nachtridentinische lateinische Messe sehr fehlt, dieser Seelenführer zur Meditation. Aber was sollen all diese Erregungen darüber, ob die Liturgie lateinisch oder in der Volkssprache festgelegt ist, ob der Leib des Herrn auf dem Altartisch steht oder sich, wie in alten gotischen Kirchen – ich denke an Sankt Lorenz in Nürnberg –, in einem Sakramentshaus abseits befindet? All das ist nur geschichtlich bedingt.

Den Zölibat gibt es erst seit dem 11. Jahrhundert, und die bischöfliche Geistlichkeit brach ihn mit ihren «Seelenkühen», wie das Volk die Pfarrköchinnen nannte, weidlich bis ins 13. Jahrhundert. Die Sprichwörter des Volkes sagen mitunter mehr über die Wirklichkeit aus als das Universitäts-Kolleg über Kirchengeschichte: «Solange der Bauer Weiber hat, braucht der Pfaffe nicht zu heiraten.» Zu einem ausschweifenden Mann sagte es, er hure wie ein Karmeliter. – Seit der Spätgotik erst sind die farbigen liturgischen Gewänder gebräuchlich, angeregt nicht durch tiefgründige Bibelexegese, sondern durch die nichtverbalen farbigen Kleidersignale der Liebenden im Minnesang, also einem amourösen Gesellschaftsspiel. Erst zur Zeit der Gotik setzte sich auch die Elevation durch, das in die Knie zwingende Emporheben von Hostie und Kelch vor der Wandlung; nachdem man das Brot zuvor in einer Taube aus Limoger-Emaille an unsichtbarer Schnur auf den Altartisch herabgelassen hatte. Gottesdienst wandelte sich also zur sinnlich erfahrbaren Schau des Göttlichen. – Die siebentägliche, also sonntägliche Gottesdienstpflicht entwickelte sich gar erst aus der aufklärerisch vorgenommenen Einschränkung eines volkswirtschaftlich ruinös ausufernden Gottesdienstbesuches während der Barockzeit. – Unmittelbar nach dem Frühstück die heilige Kommunion einzunehmen erregt seit zwei Jahrzehnten angeblich nicht mehr den Zorn Gottes, während Er in den Jahren nach dem Kriege noch über den Schluck klaren Wassers vor der Kommunion angeblich erbost gewesen sein soll!

Ohne die Tiefe des Glaubens ist die Auseinandersetzung mit der Todesbedrohung gewiß noch schwerer. Aber ich habe erfahren, wie unwichtig in einer solchen Situation Rituale und Zeremonien sind, ja sogar Dogmen! Was zählen schon Fragen der eucharistischen Wandlung, die das Luther-Schisma bewirkten, angesichts des Todes? Ich glaube gar, daß es den Herrgott völlig unbekümmert ließ, ob man ihn sumerisch Anu nannte, babylonisch Marduk, ägyptisch Aton, ob man ihn auf dem Olymp als Zeus oder auf dem Kapitol als Jupiter verehrte. Erfaßt wurde sein Geheimnis ohnehin nie, weder einst noch jetzt. – Mose: «Laß mich deine Herrlichkeit schauen!» Er: «Mein Angesicht kannst du nicht sehen, denn kein Mensch wird leben, der mich sieht» (2 Mose 33,18 ff.).

Während bis 1965 die Überzeugung galt, allein die katholische Kirche sei die von Christus gewollte, errichtet auf dem Felsen Petri, lautet heute die offizielle Lesart, alle Christen seien Pilger auf dem Weg zum Heil, und mancher Katechismus-Christ könnte sich mit Lefèbvres Anhängern fragen, ob das 1. Gebot nun nicht mehr gelte angesichts des Tatbestandes, daß Mohammedaner christliche Kirchen benützen dürfen und der Papst in Assisi mit den Weltkirchen ein lessingsches Gemeinschaftsfest gefeiert hat.

All diese Erscheinungen zählen zu dem, was man die Instrumentalisierung des lebendigen Glaubens nennen könnte. Deshalb sollte man wissen, nicht nur der Unglaube steht gegen die Sache Christi, sondern auch der Ekklesialismus, wie ihn Dostojewski mit seiner «Legende vom Großinquisitor» in seinem letzten Roman der «Brüder Karamasoff» so trefflich dargestellt hat: die Umwandlung lebendiger Gottesbeziehung in ein System von Heilsgarantien, Formeln, Praktiken. Der Klerus, von den Dominikanern der Inquisition bis zu den «erleuchteten Vorbetern» evangelischer Freikirchen, gefiel sich nicht selten in der beklagenswerten Rolle von «Spürhunden des Glaubens».

Macht man sich von diesem System eines Heilsapparates frei, dann verliert Christentum den Charakter einer Religion der Ängstlichen, die, wie Luther, psychopathologisch ständig nach ihrer Schuld fragen oder in frommer Wallfahrtssüchtigkeit einen Platz im Himmel erzwingen möchten. – Ich habe in keinem Augenblick meiner Krankheit die Sorge um meinen rechten Heilszustand gehabt und hätte ihn auch nicht, wie Luther, fast stündlich neu herstellen können. Gewiß, in Großhadern gibt es zwei festbestellte Geistliche. Wie aber hätte ich mit ihnen solche Fragen diskutieren können? In der räumlichen Enge mit anderen Todkranken, in einem Elendszustand, der nur noch die Aufgewühltheit des Darmes oder die Übelkeit des Magens wahrnehmen ließ?

In einer solchen Situation vollzieht sich eben die Entscheidung zwischen «Gesinnungs- und Verantwortungsethik», wie sie Max Weber 1919 in seiner berühmten Rede über «Politik als Beruf» dargestellt hat: dort die kompromißlose Bindung an letzte Normen (religiös an den Imperativ) ohne Rücksicht auf die Folgen (etwa einer krankhaften Schuld-Idiosynkrasie), da die Berücksichtigung der Bedingungen (beispielsweise von Glauben in der Krankenisolierung). – Kirchengeschichtlich ist das die ewige Auseinandersetzung zwischen Moses und Aaron, zwischen dem gnadenhaften Wesen christlicher Heiliger und den Repräsentanten theokratischer Herrschaft.

In der «Krebsbaracke» (Gottfried Benn) war das Gewissen jedenfalls allein, ohne kirchliche Absicherung durch ein System von Heilsgarantien. Indem ich mich jedoch Gottes Willen vorbehaltlos ergab, lernte ich eine Endgerichtsangst überhaupt nicht kennen, ich blieb unbelastet und wohltuend frei! – Pfarrer G. belehrte mich, daß auch die Theologie nicht mehr der Meinung sei, Gott würde punktuell werten, also vom Augenblick des Todes her, was zu dieser psychopathologischen Hektik um das Sakrament der Letzten Ölung und zu den Grotesken der Totenbettbekehrungen führte, sondern Gott werte vermutlich das Gewicht der Gesamtlebenshaltung. «Nimm mich, wie ich bin!», das allein konnte ich beten. Ich habe erfahren, was man wohl Urvertrauen nennt. Es steht doch in der Schrift: «Dein Vertrauen hat dich gesund gemacht» (Luk 7,36–50). Und so war es: Von da an quälte nur noch das Gefängnis des Leibes, alles andere war leicht. Ich wunderte mich, wie fraglos ich hätte Abschied nehmen können von den lichten Räumen unseres Hauses mit dem weiten Blick ins Land hinaus bis zu den geliebten Bergen, den Farben des Gartens, auch meinen stillen Freunden, den Büchern, sogar den halbfertigen Manuskripten. – Wichtig ist in dieser Letztphase des Lebens nur, ob ich mein Verhältnis zu Gott finde – mein harmonisches – oder nicht; und dieser Prozeß dürfte sich mit dem gleichen Ergebnis vollziehen als Buddhist, Muselmane oder Christ.

Tiefenpsychologisch handelt es sich um den letzten Schritt der Selbstfindung, da nach C. G. Jung «Götter unzweifelhaft Personifikationen seelischer Gewalten sind»[23]. Die Psychologie sei allerdings «nicht in der Lage, metaphysische Behauptungen aufzustellen. Sie kann nur konstatieren, daß die Symbolik der psychologischen Ganzheit mit der des Gottesbildes koinzidiert»[24]. Das also ist es, was psychologisch erhebt: das Erlebnis des Numinosen in einer Begegnung mit der Idee Gottes als Archetypus. Gut so. – Und dennoch bleibt ein Rest. Warum stirbt auch der areligiöse Mensch mit Würde und gelassen, wenn er die Überzeugung gewinnt, seine Sache im Leben verrichtet zu haben?

Gertrud von Le Fort hat einen solchen Tod sehr sachkundig in ihrem Roman «Das Schweißtuch der Veronika» beschrieben: Das Abschiednehmen der Großmutter von ihrem geliebten Rom, ihre Tapferkeit, angesichts einer Krankheit «so elend zugrunde gehen» zu müssen, ihre Bitte schließlich, «sie allein zu lassen», was sie von «allen gebieterisch verlangte», und schließlich das Aushauchen am geöffneten Fenster «mitten in der Helligkeit der sternigen Sommernacht». «Sie starb, aufgenommen in die irdische Ewigkeit dieser Stadt, über deren Bürgerrecht nicht die Geburt entscheidet, sondern der Adel derer, welche in ihr die Heimat einer ganzen Welt lieben.»[25]

Ich habe – literarisch nicht überhöht – auch meine ungläubige Mutter «vollkommen schweigend, ganz einsam», wie Gertrud von Le Fort sagt, aufbrechen sehen. Erst als ich sie, die das Bewußtsein schon verloren hatte, durch liebevolles Zureden wieder in den irdischen Gesprächskreis zurückholen wollte, reagierte sie abwehrend unruhig. Wir achteten, daß sie sich längst gelöst hatte und auf einem gesuchten Weg befand. Sie starb am nächsten Tag ausgeglichen und friedlich.

«Ihr müßt Euch schon daran gewöhnen», schrieb Kurt Tucholsky an Marierose Fuchs, «daß es sehr vergnügte Heiden gibt. In mir ist nichts, was erlöst werden muß.»[26]

Was also ist das Letztbestimmende der areligiösen Menschen? Le Fort macht eine feinsinnige Unterscheidung: «Es gibt von jedem Menschen eine Geschichte seines Lebens und eine Geschichte seiner Seele, aber dann gibt es noch die Geschichte seiner Seele mit Gott.»[27] Dieser dritte Teil interessiert viele Menschen nicht und auch nicht die Psychologie. C. G. Jung hat eine Grenzüberschreitung von der Psychoanalyse zur Metaphysik oder Theologie streng vermieden. «Wenn ich von Gott spreche», betonte er, «so spreche ich immer als Psychologe, was ich an vielen Stellen auch ausdrücklich hervorhebe. Das Gottesbild ist eine psychologische Tatsache für den Psychologen. Über die metaphysische Realität Gottes weiß er nichts auszusagen, denn das würde die erkenntnistheoretischen Grenzen bei weitem überschreiten. Als Empiriker kenne ich nur die ursprünglich aus dem Unbewußten entstandenen Bilder, die sich der Mensch von der Gottheit macht oder die, besser gesagt, im Unbewußten von der Gottheit gemacht werden; und diese Bilder sind unzweifelhaft sehr relativ.»[28]

Gott ist aus der Sicht des Psychoanalytikers z. B. das Idealbild, das der Mensch von sich bildet und auf die metaphysische Ordnung gegebenenfalls projiziert. Für die Großmutter der Le Fort waren dieses Idealbild die Haltungen jener Römer, die sie in den Abbildern ihrer Statuen besuchte. Ein kleiner Zettel, mit zitternder Hand geschrieben, fand sich nach dem Tode bei ihr: «Charakter und Schweigen». – Für meine Mutter erschöpfte sich das in der übertriebenen, peinlichen Sorge bürgerlicher Rechtschaffenheit.

So weit also geht das tiefenpsychologisch, wenn ich sage, es müsse wohl jeder sein Verhältnis zu «Gott» finden. Voraussetzung ist wiederum die Demaskierung im Aufgeben aller entfremdenden Rollenspiele der «Persona» (Persönlichkeitsmaske). Nichts hilft dazu besser als der nahende, der bewußt erwartete Tod, der Tod als «Seelenführer»!

Vom Tod als Vollendung

Ich habe viel mit Hilfe von C. G. Jung meditiert. Der Schlüssel heißt wohl «Individuation»: die Verwirklichung des gesamten (!) psychischen Potentials. Nach Jung die Aufgabe der zweiten Lebenshälfte schlechthin: Vorbereitung auf den Tod! Während die christliche Religion theologisch die Vollendung des Adam nach den Tod verlegt in die Erlösungstat Jesu Christi, sieht die «Analytische Psychologie» C. G. Jungs im Tod selbst bereits eine integrale Vollendung des Lebens.

Alle psychotherapeutische Betreuung eines Tumorpatienten richtet sich deshalb auf die Annahme des Todes. Das geht nur, wenn der Patient das Gefühl bekommt, sein Leben sei vollendet. Die dadurch erreichte «Individuation» läßt trotz unsäglicher Schmerzen friedlich sterben. Der Kranke verliert durch «Individuation» die Angst vor dem Sterben. Jetzt erst könnte er den Krebs erfolgreich bekämpfen, da ihm die Todesangst vorher seine Kraft dazu raubte. Weil dieser Individuationsprozeß zumeist erhebliche Zeit beansprucht, schreitet jedoch die Krankheit hemmungslos fort, so daß für den möglichen Kampf der Psyche alles zu spät ist.

Die Paradoxie gilt: Sollte mein nun begonnener Widerstand gegen die Krankheit doch noch erfolgreich sein, dann würde ich dies der vorbehaltlosen Annahme des Todes schon mit Therapiebeginn verdanken! – Demutsgebärde: den Zubiß des Schicksals gelähmt durch das freiwillige Anbieten der Halsschlagader.

Und die vorübergehende Suizid-Absicht? Auch sie müßte zur «Individuation» geführt haben, wenn ihre Umsetzung in die Tat bewußt und nicht in der Umnachtung des Schmerzes geschehen wäre.

Der Verlust des Arbeitsplatzes, alle soziale Deklassierung, die zwischenmenschliche Isolierung: sie zwingen zur psychischen Komprimierung des Lebensrestes und damit zu einer Selbstvollendung, die wenig zu tun hat mit dem, was wir gewöhnlich Lebenserfolg nennen. Tiefenpsychologisch richtig spricht man jedoch von «Krankheitsgewinn».

Und die zweite Paradoxie: Karins Tod machte mich zum Tumorpatienten und bot mir gleichzeitig eine Vorübung zu dieser inneren Lebenskomprimierung!

Das Unbewußte treibt zwingend in die «Individuation». Sollte hierin auch der Grund liegen, daß abrupt abgebrochene Leben von Kindern und Jugendlichen so spontan zu einer neuen Reinkarnation zu drängen scheinen?

Gelebter «Schatten»

Unser «Selbst», jene Struktur der Psyche, welche für die Ganzheit und das Geordnete steht, setzt den Individuationsprozeß in Gang. Wenn ich mit Nikolaus von Kues sprechen sollte, dann handelt es sich bei dem «Selbst» um eine «coincidentia oppositiorum» (ein Zusammenfallen der Gegensätze), was auch das vermeintlich Böse mit einschließt. Mit diesen bösen Aspekten seiner Psyche muß sich jeder Mensch unbedingt auseinandersetzen. Wer seine niederen, primitiven, abgelegten, verachteten Eigenschaften verdrängt, wird von ihnen (dem «Schatten») gefoppt.

Im Alltag erscheint unser persönlicher «Schatten» auf eine gleichgeschlechtliche Person projiziert, wenn ich zum Beispiel den «Macher», der am Tod unserer Karin erheblich mit schuld ist, zum großen Lumpen schlechthin stilisierte. Es gibt keine Mord-Modalität, die meine Phantasie nicht durchgespielt hätte. Ihn zu erschießen erschien mir zu human. Quälend hätte sein Tod sein müssen, langsam, damit er sich seiner menschenverachtenden Lügen bewußt geworden wäre. Andere Völker entwickelten dazu sogar hervorragende Methoden: zum Beispiel verbluten lassen mit abgeschnittenem Penis, den Gefesselten in seinen Eingeweiden von Ratten auffressen lassen, dachte ich mir, wie das die Tschechen nach 1945 mit Deutschen praktizierten.

Nun ist man vielleicht entsetzt, was alles in mir schlummert. Es ist nicht mehr als in jedem ehrlichen Menschen. Dies sei der Satan in mir? Aber ja! Er steckt in uns allen. Und da die Frommen, die Frömmelnden, die Bigotten ihren «Schatten» am nachhaltigsten verdrängen, also ungelebt lassen, hockt er sich ihnen während des Sterbens auf die Brust. Deshalb verenden gerade gute Christen oft so unwürdig und schwer. Nicht «der liebe Herr Jesus» hilft ihnen dabei psychologisch, sondern die endlich erzwungene Bereitschaft, den eigenen «Schatten» zu leben, indem man den unliebsamen Nachkommen schnell noch enterbt oder in die Zwangsjacke erzwungener Versprechungen am Totenbett unwiderruflich bindet. Eine zuweilen recht befriedigende Rache!

Während des ganzen Jahres der Krankheit versuchte ich immer wieder zu antworten auf das zumeist briefliche Ansinnen, alles auf den liebenden, den tröstenden Herrn zu werfen: Man habe ein falsches Gottesbild, antwortete ich. Warum? Weil man dadurch die harte, unnachgiebige, die vermeintlich ungerechte, die fast sadistische Seite Gottes verdrängt: das Sapientia-Salomonis-

Wort: «Denn welchen der Herr liebhat, den züchtigt er» (Hebr 12,6–8)! Indem er Kindern den Schädel zerschlägt? Sie zu klappernden Vogelscheuchen-Skeletten verhungern läßt? Im kleinen Becken den tumurösen Blumenkohl züchtet? Sein Einfallsreichtum ist groß. Steht nicht geschrieben: «Kein Spatz fällt zur Erde ohne den Willen eures Vaters»? Als Vaterfigur unter uns lebend, müßte man diesen bösartigen Züchtiger mit seiner abartigen Liebe in das nächste Bezirkskrankenhaus überweisen.

Zugegeben den Theologen: Was ich hier sage, ist natürlich unmöglich, wenn es gegen den ontologischen Gott gerichtet wäre, wohl aber möglich, wenn ich von seinem Bild in der Psyche spreche! Um das zu begreifen, müssen Theologen zunächst einmal die Bibel beiseite legen.

Was aber machen unsere Vorbild-Christen? Sie verdrängen die «böse» Seite ihres Gottesbildes, behaupten, Gott sei nur gut; versuchen, diesem Vorbild nachzueifern: auch nur gut zu sein, also ihren «Schatten» zu verdrängen. Der meldet sich dann aber als Teufel, als Versucher, als Hexe: als projizierter «Schatten». – Handelt es sich um den kollektiven «Schatten», dann führt das zum Massenwahn von Teufelsfurcht und Hexenverfolgung.

Politisch gesehen sind auch die Guillotinierungen der Französischen Revolution ein Ausleben des «Schattens», bewirkt durch den Verdrängungsprozeß der Aufklärung, der gegeben war mit dem überzogenen Idealbild vom nur guten, aufgeklärten, vernünftigen, toleranten Menschen, der als «tabula rasa» angeblich nur gut geboren würde. – Wäre dann Auschwitz die Antwort auf den vergottenden Führerkult? Auf den Mann ohne Makel, das Werkzeug der Vorsehung, ohne herabziehende sexuelle Bindung an das andere Geschlecht, ja ohne Geschlechtsorgane (einer angeblichen Kriegsverletzung), den materiellen Asketen (Vegetarier, Nichtraucher usw.)? Bezeichnenderweise besorgte das Tötungsgeschäft jene auf ihn gläubig eingeschworene Elite der arisch Reinen, der sexuell Beherrschten, der ehelich von Rassegesetzen Gezügelten, der bis zur Unterwerfung Disziplinierten, der selbstlos sich Opfernden, der NS-Lichtgestalten ohne gelebten «Schatten»: der SS.

Schattenprojektion ergibt die Sündenbock-Mentalität: Die Mustersoldaten bedürfen so des Kompagnie-Trottels, die hochdisziplinierte Schulklasse des Klassen-Depps, die sündelosen Musterchristen des wechselnden Verteufelungsobjektes: der anderen Religion, Konfession, der angeblichen Häretiker, Teufelsbündler, Hexen, «Antichristen». Heute sind es die Anhänger von «New Age». Dagegen setzt man dann ein: Inquisition, Glaubenskongregation, Sektenbeauftragte. – Das psychologische Problem des kollektiven «Schattens» macht also deutlich, weshalb Christen in der «Imitatio Christi» («Nachfolge Christi») oft so kläglich versagen, weshalb Christentum im geschichtlichen Raum zuweilen sehr abstoßend gewirkt hat.

Was hat dies alles nun mit meiner «Individuation», meinem persönlichen Sterben zu tun? Ich habe keine Todesangst gehabt! Ich hätte sogar leicht sterben können durch den Tumor, die Medikamentierung oder die eigene Hand, nicht deshalb, weil ich ein besonderer Christ wäre, eine Art Ausnahmemensch, sondern weil ich die «böse» Seite des Gottesbildes nie verdrängt habe, ja sie eher betonte und von Christus, der Lichtgestalt totaler Liebe, sogar etwas abrückte, ganz im Gegensatz zu allen Ratschlägen. Ich habe die «böse» Seite Gottes als Teil seiner mir unverständlichen Allmacht fraglos angenommen.

Was dann noch an «Schatten» meiner Person übrigblieb, tauchte als Projektion auf in meiner Überzeugung von einer Reinkarnation, weil ich theologisch Reinkarnation als Fegefeuer hier und jetzt verstehe. – Man sollte mehr Dante lesen oder über die Bilder des Hieronymus Bosch meditieren, wie das Philipp II. von Spanien getan hat, um zu verstehen, was tiefenpsychologisch dieses Reich des «Schattens» für unsere «Individuation» bedeutet.

Es bleibt: Das «Selbst» treibt zur «Individuation». Die ist nur zu erreichen durch die Auseinandersetzung mit dem «Schatten» und durch die Annahme des Todes. Erst dann ist ein Kampf gegen den Krebs möglich! Hierin liegt wahrscheinlich die psychologische Erklärung dafür, daß ich wider eigenes Erwarten noch lebe, und hierin liegt vermutlich die Chance für die Arbeit des Psychotherapeuten und die Hilfe des Geistlichen – in der Atempause nach Stahl, Strahl oder Zytostatika.

Ausgesöhnt mit den Dingen und Menschen

Anfänglich glaubte ich, sehr weich geworden zu sein, senil. Das bahnte sich schon vor meiner Erkrankung an im Gefolge des Unfalltodes unserer Tochter Karin: diese Scheu, einen Menschen zu verurteilen. – Als ich nach den Bestrahlungen mit Hedwig erstmals wieder tastend durch die Straßen ging, da spürte ich leiblich, wie wenig die Menschen an jene andere kleine Stadt, jene andere Welt der Kranken, Ärzte, Schwestern, MTA-Angestellten im Uni-Klinikum Großhadern, denken. «Du warst sehr weit weg», sagte Hedwig entschuldigend auf manches kopfschüttelnde Verwundern von mir, und ich bin aus diesem Entferntsein selbst heute noch nicht voll zurückgekehrt, obwohl manche Bekannte viel Mühe darauf verwenden, mich wieder in den politischen Interessenkonflikt zurückzuholen.

Wahrscheinlich sind unsere menschlichen Erwartungen viel zu anspruchsvoll. Gerade das Leid schwerer Krankheit und Todesbedrohung macht deutlich, wie wenig ein solches Erleben einem Außenstehenden verstehbar sein kann. Feinfühlige ehemalige Schülerinnen gaben mir keine religiösen Ratschläge; Gerti gestand mir zum Beispiel, wie unsicher sie im Umgang mit mir geworden sei, da sie nicht wüßte, mit dem Tod umzugehen. – So aber geht es uns allen: Wer nicht geliebt hat, nicht krank gewesen ist, Frau, Mann oder Kind durch Tod verloren hat, verfolgt, vertrieben, gefangen war, vom Ehepartner betrogen oder verlassen wurde, vermag nicht mitzufühlen, nachzuempfinden – mitzuleiden, wie das eigentlich die christliche Tugendlehre von uns fordert. Auch sind deshalb unsere Erwartungen unrealistisch, weil der Mensch die Güte des Verstehens erst erwirbt durch bittere Erfahrungen und Enttäuschungen, von denen die Jugend vorerst ausgeschlossen bleibt. – Ich habe mit meiner Frau gelernt, entschuldigend die Schultern zu zucken: «Er (oder sie) kann doch nicht anders!» Das ebnet radikal die Wogen des Zornes, erstickt mögliche Wut, tilgt jeden Haß schon im Ansatz, hellt den Ärger auf.

Irgend etwas von dem ist mir wohl spürbar geworden, was man vielleicht Barmherzigkeit nennt. Ich hätte auch völlig ausgesöhnt mit den Menschen und Dingen sterben können. Aller Wille, die Welt zu ändern, nach Prinzipien – wie fremd ist mir dieser Begriff geworden – bessern, «missionieren» zu wollen, ist erloschen. Ich überlasse heute, resigniert lächelnd, die Welt Gott, wie sie ist. Gelassenheit also? Kommt nicht das Wort aus der christlichen Mystik?

Dies, so weiß ich jetzt erst, in der nachträglichen Aufarbeitung, bedeutet aber auch tiefenpsychologisch die Aussöhnung mit dem «Schatten» meiner Psyche. Ich bin frei geworden von den negativen Bindungen an Menschen, die mich verletzten oder an mir schuldig wurden. Die dadurch geweckten Instinkte gibt es kaum mehr; also brauche ich sie auch nicht mehr zu verdrängen.

Der Tod – «. . . ein Meister aus Deutschland»?

FAZ, 12. November 1988: «Das Schreiben oder Reden über den Nationalsozialismus und seine Verbrechen bleibt in Deutschland ein Wagnis, für Historiker, aber auch – und vor allem – für Politiker.» – Dr. Philipp Jenninger, der gestürzte Bundestagspräsident, mußte diese bittere Erfahrung machen, obwohl er sich nicht der maßlosesten Selbstanklage scheute, wenn er behauptete, daß sich «die Menschheit an Auschwitz bis ans Ende aller Zeiten der deutschen Geschichte erinnern würde». Weder für Armenier noch Russen noch Kambodschaner noch Argentinier und Chinesen, die bis in jüngste Zeit Massenvernichtungen des eigenen Volkes – zum Teil in Millionenhöhe – erlebten, dürfte diese Behauptung stimmen, die nach dem rassischen Hochmut nun die Umkehr in die globale Verworfenheit flagellantisch nachplappert. Und wo die Prämisse falsch gesetzt wird, da stimmen auch die Folgerungen nicht, es sei nämlich sinnlos, «endlich Schluß zu machen».

Anstoß nahm man aber an Jenningers Sinn für subjektive Wahrhaftigkeit und historische Wahrheit, wenn er die Genesis zu diesem Geschehen in der Faszination sah, mit der Hitler und seine Ideen in Bann schlugen. Warum war Jenninger so ungeschickt? Er hätte C. G. Jungs «Terry Lectures 1937» zitieren können: «Die mit einer solchen Idee fast stets verknüpfte Faszination erzeugt eine fanatische Besessenheit, welche ihrerseits bewirkt, daß alle Dissidenten . . . lebendig verbrannt oder geköpft oder durch das moderne Maschinengewehr in Massen erledigt werden . . . Der Mensch hat tatsächlich Grund genug, jene nichtpersönlichen Kräfte zu fürchten, die im Unbewußten wohnen.»[29] – Aber man müßte auch den C. G. Jung von 1945 heranziehen: «Nein, die Dämonen sind nicht gebannt, das ist erst noch eine schwere Aufgabe. Jetzt, nachdem der Engel der Geschichte die Deutschen verlassen hat, werden sich die Teufel ein neues Opfer suchen. Und es wird ihnen nicht schwerfallen. Jeder Mensch, der seinen Schatten verliert, jedes Volk, das in Selbstgerechtigkeit verfällt, gibt sich ihnen preis . . . Vergessen wir nicht, daß bei den Siegernationen genau dieselben fatalen Anlagen der Kollektivität vorhanden sind wie bei den Deutschen, daß sie ebenso plötzlich eine Beute der Dämonen werden können wie diese»[30], was Hiroshima und Nagasaki bewiesen, aber auch die in Friedenszeiten erzwungenen Vertreibungen und Zwangsdeportationen nach Rußland und Frankreich mit Verlusten in Millionenhöhe, sowie die entnazifizierenden «Hexen»-Verfolgungen einer gnadenlosen Militärgerichtsbarkeit in Ost und West. – Doch solche Gedanken sind politische Häresie.

Keine menschliche Psyche eines Individuums oder Volkes erträgt die Mordanklage bis ans Lebensende, die klaustrophobische Ausweglosigkeit einer Niemals-Entsühnung, den Brandmalgeifer auch für die altersmäßig jüngsten Deutschen – «Der Tod ist ein Meister aus Deutschland» (Celan). Für eine gewisse Zeit nur dürfte der Verträglichkeitskompromiß bedingungsloser Unterwerfung diese Unerträglichkeit überbrücken. Seit 1945 tragen die Deutschen aber bereits den «Juden»-Stern der Diffamierung. Im Verdrängen des eigenen «Schattens» durch Siegernationen sind die Deutschen deren Projektionsobjekt geworden: die sittlich verworfene Ausnahme. Dabei würden sich diese keineswegs gegen berechtigte Schuldvorwürfe wehren. Aufbegehren müssen sie aber psychologisch, alleinig und global der letzte sittliche «Dreck» zu sein. Eine solche moralische Totalausgrenzung führt bei Individuen und Völkern zum Aufstand der Psyche, der sich dann äußert in dem Begehren, andere auf diesem Letztplatz der Demütigung zu sehen, was sich in Fremden- und Rassenhaß zeigt, in Revolutionen und Kriegen, bis hin zur Sehnsucht nach einem Holocaust des Totalvergessens.

Politiker sollten wissen, daß die Gesetze der Psyche andere sind als die der Politik. Auch «die gigantischen Katastrophen, die uns bedrohen, sind» nach C. G. Jung, «keine Elementarereignisse physischer oder biologischer Natur, sondern psychische Ereignisse . . . Das Psychische ist eine Großmacht, die alle Mächte der Erde um ein Vielfaches übersteigt.»[31]

«Vergangenheitsbewältigung» vollzieht sich also nicht, indem man den eigenen «Schatten» durch Schuldzuweisungen rassischer, völkischer, klassenkämpferischer oder konfessioneller Art auf einen vermeintlichen «Sündenbock» projiziert, sondern in gesamtmenschheitlicher Selbstanalyse. Sie macht erkennen, daß Genozidien fast zur Alltäglichkeit der Weltgeschichte zählen. Die Römer begingen den Genozid in Karthago, Spanier an Morisken und Maranen, die Franzosen an Waldensern, Katharern und in der Vendée (nach 1789), die Amerikaner an Indianern mit der Politik des «manifest destiny». Selbst die siegreichen Israelis haben in «Verlängerung von Geschichte» in Sabra und Schatila ihre moralische Unschuld verloren. – Allein die Sowjets begannen bisher mit einer wahrheitsgetreuen Selbstanalyse: Der sowjetische Historiker Medwedjew gab in einem Interview mit der Wochenzeitung «Argumenti i Fakti» die Ergebnisse seiner Recherchen über die Stalinopfer bekannt, nach denen durch Mord, Hinrichtungen, Hungersnöte oder Zwangsverschleppungen 15 Millionen Menschen (westliche Schätzungen sprechen von 20 Millionen) umgebracht und weitere 25 Millionen Sowjetbürger eingekerkert, verbannt und vertrieben wurden.[32]

Es ist also eine Tatsache, daß jenes von Konrad Lorenz dingfest gemachte «sogenannte Böse», die angeborene Aggressivität bis hin zur genozidischen Mordabsicht, als das Krebsgeschwür des unbemerkten «Schattens» menschheitlich in unserem Unbewußten wuchert. Nur die Anerkennung dieses Tatbestandes, das gemeinsame «mea culpa», würde aus dem Wahnsinnskreis der Wechselbeschuldigungen, Aufrechnungen und Sündenbock-Projizierungen herausführen und den Anfang einer Selbstheilung setzen: die Überwindung der Todesbedrohung durch das Erklären der Krankheit nicht aus vordergründig exogenen (also geschichtlich-politischen), sondern endogenen (also psychologischen) Ursachen. Das ist es, was der Psychoanalytiker C. G. Jung als Arzt sagen will: «Gottesfurcht ist vor der Übermacht des Psychischen, wenn irgendwo, am Platze.»[33]

Die Gnade des Vergessens

In meiner Person begegneten Verwandte, Freunde, Schülerinnen und Bekannte dem Tod wie ich. Auch sie drängte dieses Erleben zur Auseinandersetzung mit den dunklen, den verdrängten, den unbewußten Seiten ihrer Person: mit ihrem «Schatten».

Heute erst verstehe ich, warum H. ihre erwachsenen Kinder innerlich verloren hat und nun vereinsamt. Als der Vater an Magenkrebs starb, vollzog sich ein Entgrenzungserlebnis der Kinder, ein Vergessen aller unangenehmen Züge des Vaters, ein psychisches Überfließen in das Du und damit die Tilgung des eigenen «Schattens». H. beteiligte sich an diesem Prozeß nicht. Sie besuchte wohl kurz ihren Mann, von dem sie seit einigen Jahren getrennt lebte, aber sie blieb nicht. Im Gegenteil, sie betrieb ihre Rache. So wie Sterbende, von ihrem «Schatten» übermannt, Rachegelüsten frönen, indem sie Angehörige enterben und damit unversöhnt, also mit ihren wiederbelebten «Schatten», auch in den Tod gehen, so wollte H. vor den Kindern rechtfertigend aufrechnen. Das aber kommt einer sehr subtilen Form von Rache gleich: die versuchte Tötung des Todkranken in der Psyche ihrer Kinder. Mord auf dem Totenbett! Mutter und Kinder erlebten den Tod des Vaters und Mannes so unterschiedlich, daß sein Tod sie trennte. – Selbst gemeinsame Erlebnisse vertiefen oft die trennende Kluft zwischen Menschen, so, wie sie andererseits die Innigkeit gegenseitiger Zuneigung und Liebe in ungewöhnlicher Weise anregen.

Immer wieder schrieben mir meine ehemaligen Schülerinnen dankbar, wie und auf welche Weise ich sie geformt, ihnen zur Persönlichkeitsbildung verholfen hätte, so, als wäre es von ihnen schuldhaft versäumt worden, mir das noch sagen zu müssen. – Judith schrieb mir aus Amerika, erinnerte an Lehrinhalte der ii. Klasse, die drei Jahre zurücklagen. Erst jetzt, in der Fremde, wisse sie, was ich gemeint hätte, wenn ich von «Heimat» sprach, wogegen sie damals ungerechtfertigt opponiert habe. Eine eigentlich ganz unnötige Versöhnungsgeste.

Der langsam Sterbende erfährt also schon etwas von dem, was eigentlich der Tod später bewirkt: Dieser entrückt dem Rächer seinen Gegenstand des Hasses und verschafft dem Opfer Genugtuung, er entmachtet jeden Richter hier und jetzt, entzieht ihm die Befugnisse, einzuteilen in Gerechte und Ungerechte. Er breitet über Schande und Schuld die Gnade des Vergessens und ermöglicht damit einen Neubeginn. Der Tod macht uns stumm, sofern er zum Erleben eigener Nichtigkeit führt. In diesem Verstummen erstickt irdischer Hader. Das ist der sichtbare Ausdruck vom Berührtsein durch ein Außerzeitliches, dem Ehrfurcht gebührt. Der Tod sollte versöhnen, dort jedenfalls, wo noch etwas von der christlichen Kultur des Abendlandes zu spüren ist.

Wie abstoßend, wie widerlich zeigt da oft die Politik ihre Fratze. Zweimal wurde Speyers Kaiserdom von französischen Soldaten gebrandschatzt und verwüstet: 1689 und 1794. Bei ihrem Zerstörungswerk raubte die Soldateska auch Gräber aus, fledderte rachsüchtig die Leichen mittelalterlicher Kaiser. – Nationalsozialisten schändeten jüdische Friedhöfe, aber nach 1945 sprengte man in München ebenso die Ehrentempel der Nationalsozialisten, die am 9. November 1923 vor der Feldherrnhalle gefallen sind. Eine hysterische Suche nach der Leiche oder den Leichenteilen Hitlers setzte mit dem Kriegsende ein, um auch die letzten Reste des Toten zu vernichten, und seit jenem grotesken Gerichtsverfahren einer Entnazifizierung sogar noch des toten Hitler, teilt man Verstorbene und Gefallene selbstgewiß ein in «Nazis» und Widerstandskämpfer (oder Emigranten), in Ehrlose und Ehrbare, Unterdrücker und Befreier. Dieses verbale Fleddern der NS-Leichen nennt man anspruchsvoll «Vergangenheitsbewältigung». Welch ein Trugschluß!

So wie man früher Ängste vor dem eigenen «Schatten» auf Häretiker, Teufelsbündler, Hexen, Protestanten, Papisten, Juden projizierte, so heute immer noch auf Nationalsozialisten. (Im Augenblick wird Stalin «entkommuniziert»!). Wie verwandt sind diese «Vergangenheitsbewältiger» psychologisch doch den Inquisitoren, Liquidatoren und Endlösern der Geschichte.

Karl V. lehnte das Ansinnen ab, Luthers Gebeine aus dem Grab reißen zu lassen, während er durch Wittenberg ritt, mit der Be-

merkung, Luther stehe vor seinem Richter. Spanischer Geist!
Spanischer Geist bis auf den heutigen Tag: Die in diesem Sinne
eigenwilligste Totengedenkstätte, das «Monumento Nacional de
Santa Cruz» findet sich im «Valle de los Caidos» («Tal der Gefallenen») des Guadarama-Gebirges unweit des Escorial. Das
unterirdische Tonnengewölbe ist mit 262 Metern um ein Drittel
länger als die Peterskirche, 20 m breit und 35 m hoch; die Kuppel
mit 40,75 m Durchmesser erreicht eine Höhe von 42 m. In den
Ausmaßen einer Kathedrale in den Fels gesprengt, birgt diese
Totengruft aber nicht nur die Gebeine José Antonio Primo de
Riveras, des Begründers der «Falange Española Tradicionali-
sta», und des Caudillo, Generalissimo Franco, der die Führung
der Partei nach dessen Erschießung 1936 übernahm, sondern neben gefallenen Falangisten ebenso 2000 kommunistische Briga-
diers der Volksfront. Der Caudillo hat also in dieser Marien-Ba-
silika Faschisten und Kommunisten, die Gegner des Spanischen
Bürgerkrieges, der dem Volke 1 Million Tote kostete, im Tode
vereint. Gewiß, die Arbeit an der Kathedrale verrichteten gefan-
gene Rotarmisten, Francos «KZ-Häftlinge». Dennoch ist die
1959 eingeweihte Krypta und das falangistische Aufmarschge-
lände davor – vergleichbar den Parteitagsbauten in Nürnberg –
zum Fundament des heutigen Spaniens der versöhnten Volks-
teile geworden, nicht zuletzt deshalb, weil die politischen Erben
Francos auf die Zerstörungsrache an den Mahnmalen der Toten
verzichteten, hier, wie vor dem Alcazar Toledos. Falangisten
und Kommunisten sanken vielmehr zu Splittergruppen ab. Das
junge Spanien will ihren Streit vergessen.
Im «Valle de los Caidos» kamen mir selbst die Tränen. Ich
schämte mich, ein Deutscher zu sein, weil wir die Selbstgerechtigkeit der Heuchler schätzen, die geistliche Krankheit der
Frommen, die zwar lauthals beten, daß sie dem Schuldigen vergeben (Matth 6,12), gleichzeitig aber – blasphemisch anmaßend
– Gottes alleiniges Recht auszuüben gedenken. «Mein ist die Rache» (5 Mos 32,35), heißt es in der Heiligen Schrift.
Jesus Christus unterscheidet sehr genau zwischen der Sünde und

dem Sünder. Er verwirft das eine und nimmt sich des anderen an. Seine Verachtung trifft nicht den Sünder, er ist ihm vielmehr ein Mensch des Erbarmens. Sein Erbarmen zeigt sich darin, daß er den Schuldigen nicht an seine Vergangenheit bindet, sondern vergibt. Vergebung aber heißt vergessen! – Immer und immer wieder hämmert die Bibel dieses Vergebungsgebot ein: «Richtet nicht, auf daß ihr nicht gerichtet werdet» (Matth 7,1; Röm 2,1; 1 Kor 4,5; Luk 6,37), sondern «vergebt, so wird euch vergeben» (Luk 6,37). Und auf die Frage, wie oft zu vergeben sei, erfolgt die Antwort: «Und wenn er siebenmal des Tages an dir sündigen würde und siebenmal des Tages wieder käme zu dir und spräche: ‹Es reut mich!› So sollst du ihm vergeben.» (Luk 17,4; Matth 18,21; 2 Kor 2,7). Das aber heißt grenzenlos!

Wir jedoch wollen nicht unterscheiden zwischen der zu verwerfenden politischen Ideologie und dem politisch schuldig gewordenen Verirrten. Deshalb gibt es im politischen Raum auch keine Vergebung, was allein in das Drehen des Wahnsinnsrades politischer Geschichte – von Schuld, Strafreaktion und damit noch tieferer Schuldverstrickung, erneuter Strafreaktion usw., usw. – eingriffe. Im Gegenteil! Wir treiben das Rad gerade noch an; indem wir «Vergangenheitsbewältigung» inszenieren in dem Bemühen, jede Untat dem Vergessen zu entreißen. Vergessen wird dort nicht, wo man das Vergeben verweigert. Die Hartherzigkeit des mangelnden Vergebens entbehrt der Barmherzigkeit, weil sich die Selbstgerechtigkeit bläht. Heute verstehe ich, wenn Martin Luther Geschichte anmutete wie «Gottes Mummerei und Narrenspiel», eines abstoßend unversöhnlichen Einerlei, möchte ich hinzufügen – die politische Geschichte oder nach klassischer Lesart «Staatengeschichte».

Nicht nur unsere Gläubigkeit, nicht allein unser theologischer Verstand steht gegen solches politisches Tun, auch unser psychologisches Bedürfnis. Gerade unsere Psyche breitet über alle schmerzlichen, leidvollen, widerlichen, belastenden Erlebnisse den Mantel des barmherzigen Vergessens und überhöht verklärend alle beglückenden, bereichernden, erhebenden Erlebnisse.

Nur das Vergessen macht frei *von* – nämlich dem «Schatten» der Rachegefühle – und frei *für* – nämlich einen Neuanfang.

Ein Mensch, dessen Unbewußtes nicht vergessen darf oder kann, wird neurotisch. Zwar arrangiert sein Verstand willentlich mit Menschen, Dingen, Umständen, die ihn zutiefst verletzt haben, äußerlich ein Auskommen, doch es ist ein Kompromiß der Verzweifelung, der alles bergehoch Unerträgliche verdrängt. – Ich bin letztlich krebskrank geworden, weil ich die Ungerechtigkeiten der Vertreibung und jener im Zusammenhang mit dem Tod unserer lieben Karin nicht vergessen konnte, weil ich mich mit meinem Geschick nicht auszusöhnen vermochte. – Auch in der politischen Geschichte wuchert das Krebsgeschwür der Unversöhnlichkeit. Deshalb ist sie mir so fern gerückt, fremd geworden, widerlich – krank anmutend.

Hartmut Lange verlegte in seiner Erzählung «Das Konzert» die versöhnende Begegnung zwischen ermordeten Juden und ihren Mördern darum in den fiktiven Raum eines Totenlandes «außerhalb der Zeit»[34], ähnlich Jean Paul Sartres «Les jeux sont faits». Vielleicht muß man auch selbst hinübergeblickt haben in jenes Totenland und die – wohltuend – einebnende Kraft aller Gegensätze gespürt haben, um zu verstehen, wie psychologisch die «Bewältigung» des «Schattens» anzugehen sei.

Gegner jeder Art als Bettnachbarn in der «Krebsbaracke»! Ein wahnwitziger Gedanke der Weltversöhnung!

«Krebsbaracken»-Mentalität

Meine Aussöhnungsvorstellungen sind im Freundeskreis teils mit Entsetzen aufgenommen worden, so daß die Dame des Hauses das Zimmer verließ, weil ich auch die Gefallenen der SS in diesen Versöhnungsgedanken einschloß. Doch was ist Versöhnung wert, die wiederum Menschengruppen (Minderheiten) ausschließt? Die tief neurotischen Reaktionen entlarven den Ideologiefanatismus. Ich hätte erwartet, daß man mich nicht mehr politisch mißverstehen könnte nach meiner Rückkehr aus dem Noch-Lebens-Bereich. Obwohl ich diese Versöhnung sogar nur auf die Toten bezog – auf unterschiedslos alle Opfer des vergangenen Krieges –, hinderte weder das Pietät heischende Phänomen Tod als solches noch die Herkunft meiner Gedanken aus dem tieferlebten Bedürfnis nach Lebensvollendung, als Harmonisierung im Angesicht des Todes, jenes Mißverständnis. Der Weggang meiner Gesprächspartnerin aus dem Zimmer ließ auch jede mitmenschliche Sensibilität für meinen psychologischen Ausnahmezustand vermissen. Man geht mit mir um, als sei ich von einer schweren Grippe genesen. – Wieviel feinfühliger sind da meine von Lebenserfahrungen viel weniger verbogenen Abiturientinnen gewesen!

Aber ich habe die gleiche Haltung des Unverständnisses auch schon erlebt bei fundamentalistischen Christen, wenn ich suchend, tastend, anklagend bereits vorzeitig während der Krankheitsphasen etwas verlauten ließ von dem, was sich an Akzentverschiebungen im Bereich des Glaubens in mir vollzog. Ich muß damit rechnen, daß solche Fundamentalisten in gleicher Weise aus dem Zimmer gehen bei der Lektüre dieses Buches und ein Weiterlesen – zumindest innerlich – verweigern. Die einen dürften sich an meinem Marienverständnis stoßen, die anderen an der Christusdistanz, und alle werden das Verständnis missen lassen, für das, um was es immer nur – allein und ausschließlich – geht, für das Leid eines Menschen!

Ich werde mich also daran gewöhnen müssen, wie während der Krankheit, in einem gewissen Maße ausgegrenzt zu bleiben – durch meine «Krebsbaracken»-Mentalität. Aber auch ich möchte, wie dieser Schulze Bethmann in Hartmut Langes Erzählung, nicht mehr in den «Wahnsinn des Lebens» zurückkehren. – Auch das ist ein Gewinn von Großhadern.

Krankengeschichte – Teil II:
Chemotherapie

15. Juli 1987: Mehrere Blutabnahmen. Krankenhausroutine. Mehrmaliges Punktieren des Rückenmarks durch letztsemestrige Medizinstudenten. Saubere Arbeit. Kein «Vacuumschmerz». Röntgenaufnahmen der Stirnhöhlen, des Schädels, des Thorax (auch seitlich). Bekanntschaft mit dem Labyrinth der Gänge, Fahrstühle, Endloskorridore.

Am Nachmittag Einweisung in die Zytostatika-Therapie. Dr. Gr. listet mir am Bettrand die sicheren, wahrscheinlichen und möglichen Nebenwirkungen auf: kurzfristig (Nieren, Blase, Magen, Darm), mittelfristig (Knochenmark), langfristig (Herz) – irreparabel. Nach Absprache mit dem Stationsarzt aufgrund des Gutachtens der Universität Würzburg Therapiebeginn.

Laut Krankenpapieren ist das hochmaligne Zentroblastische Lymphom als äußerst aggressiv und bösartig bezeichnet worden. Warum hat man mich im Kreiskrankenhaus darüber nicht aufgeklärt, als ich eine Chemotherapie verweigerte? – Großhadern schlägt zu, ohne weitere eigene Untersuchungsergebnisse abzuwarten. Die Grenzsituation wird deutlich. Man will die Bilirubinausschüttung ins Blut zunächst stoppen. Jetzt schon 14 Prozent.

Behandlung nach Schema Koplan: Am 1. Tag Endoxan, Vincristin, Adiblastin; vom 1. bis 10. Tag: Natulan, Decortin; am 14. Tag: Bleemycin. Wiederholung ab 21. Tag. Vorgesehen zunächst 3 Zyklen.

Der Erfolg einer Chemotherapie verlangt, im Wettlauf mit der tumorösen Zellexplosion rücksichtslos das Höchstmaß an Zerstörungskraft einzusetzen bei gleichzeitigem Abschätzen einer individuell unterschiedlichen Verträglichkeit der parallel dazu laufenden Zerstörungsprozesse auch gesunder Zellen. Die richtige oder falsche Einschätzung des Onkologen entscheidet über Leben und Tod. Das ist eine reine Erfahrungssache, abhängig von der anfallenden Zahl der

Patienten-Probanden. Die Diskrepanz zwischen Provinzkrankenhaus und Uniklinik wird evident.

16. Juli 1987: *Erste Visite des Oberarztes Dr. M.. Er redet Fraktur. Vorwurf: Durch Alternativmedizin viel zu spät einsetzende Therapie. «Wir haben Großes mit Ihnen vor» (sie nämlich dennoch zu retten, denn) «Sie befinden sich im Entwicklungsstadium III B» (also der Letztstufe vor dem Moribundus = Todgeweihten mit IV). Er setzt dennoch auf Erfolg, weil sich die explosionsartig entwickelnden Tumore auch am leichtesten zusammenschlagen ließen. Es käme nur darauf an, ob ich auf die Medikamente anspreche.*

Sichtbar würde ein Erfolg nach dem 2. Zyklus, also in sieben Wochen. – Bis dahin Hängepartie.

Mein Hinweis, daß die Bilirubinausschüttung im Urin zurückgegangen sei, wird für nicht falsch gehalten. Auf meine Ungläubigkeit, wie so etwas in einer einzigen Nacht geschehen könne, Dr. M.: Vermutlich seien die Tumorzellen am Leberhilus nur wenige Tage alt gewesen, weshalb sie möglicherweise auch schnell ansprechen. Jedenfalls könne die geringste Veränderung des Volumens schon derartige Folgen bewirken. Es wäre natürlich ein Zeichen für meine Ansprechbarkeit.

Nach der Visite Skelettszintigramm: Schädel, Stirnhöhlen, Thorax, Rückenwirbel.

Mittags Abtasten des Gesamtkörpers nach Metastasen: im Hals 2 cm Ausdehnung, in der rechten Leiste 2 cm. – Übrigens kein Tumor in der Leber und in der Milz. Fehldiagnose der Provinz.

Ergebnis der Rückenmarkpunktierung. Es arbeitet trotz der harten Chemotherapie-Spritzen normal. Damit erhöht sich meine Chance, denn nur dadurch läßt sich hochdosiert weiterarbeiten.

17. Juli 1987: *Bilirubinfärbungen im Urin, im Auge und unter der Haut weiter zurückgegangen. Seit zwei Tagen keine Hodenbinde mehr. Die seit zwei Monaten anhaltende ungewöhnlich große und lästige Hodenschwellung ist abgeklungen, die Überempfindlichkeit hat sich verloren. – Ist also auch die Muttergeschwulst geschrumpft?*

In ihrer großen Sorge hat sich unsere Nichte Elisabeth bei den Wissenschaftlern ihres Pharmakonzerns erkundigt; Großhadern praktiziere in ganz Deutschland die brutalste Therapie, allerdings mit dem statistisch größten Erfolg. – Großhadern beginnt, mich zu überzeugen!

Einen Monat später, 21. August 1987: Nun liege ich erneut in Großhadern. Kritische Situation. Am Vormittag erhebliche Schmerzen im rechten Wadenbein unmittelbar unterhalb der Kniebeuge. Nach Anruf in München sofortige Abfahrt: Thrombose-Gefahr! Eine halbe Stunde nach Ankunft mit dem Assistenzarzt Dr. Gr., der sich speziell für Gefäßerkrankungen interessiert, beim Spezialistenkollegen. Das ist die ungewöhnlich rasche Handlungsfähigkeit dieses Klinikums! Ultraschall. An Tonhöhen und Tonunklarheiten erkennt man punktuell die Thrombose. Fachgesimpel unter Kollegen. Dann die Übersetzung für mich. Thrombose. Erst ein Röntgen mit sehr belastenden Kontrastmitteln würde diese Diagnose zu 70 Prozent bestätigen. Man hält meinen Verzicht für richtig. Das hätte nur Sinn bei der Absicht einer medikamentösen Auflösung des Thrombus. Damit verbunden seien böse Risiken, weil eine Sicherheit der Auflösung nicht gegeben ist und die ausgelöste Blutungsgefahr auch meine Tumore beträfe. Für die Chirurgie uninteressant. Entscheidung: Das Blutgerinnsel bleibt, vier Tage und Nächte an den Dauertropf, um das Ankleben neuer Blutgerinsel zu verhindern und das Öffnen neuer Blutbahnen zu ermöglichen. Dann täglich drei Spritzen. Wichtig: Auf diese Weise keine Unterbrechung der Tumortherapie! Folgen: Dauerinvalidität. Stützstrumpf. Nach fünf oder zehn Tagen könnte das Bein aufbrechen.
Eine Thrombose ist Onkologenalltag. Medikamentenfolge. Nach Dr. Gr. habe ich zwei Tage zuvor wiederum eine Todessituation durchlaufen, ohne davon zu wissen. Vielleicht ist es gut so, nicht immer die Situation voll zu überblicken. – Seltsam, wie gleichgültig man bereits reagiert auf solche Todesbedrohungen, die täglich hinter einer Tumorerkrankung aufsteigen.

22. August 1987: *Die Illusionen der Mitpatienten sind verblüffend. Trotz Unterleibstumor in Kindskopfgröße und nachfolgenden Metastasen in der Leber oder tumorösen Aktivitäten in Darm, Leber, Lunge kein Bewußtsein, daß dies Lebensendstation sei. Im Gegenteil: Eine blinde Lebensgier, die sich allein auf schmerzfreies Schlafen, das Essen und die kleinsten (Wasch-)Betreuungsmaßnahmen der Schwestern konzentriert.*

Die Herpes-Ausschläge in der Mundhöhle machen auch anderen Patienten schwer zu schaffen. Wir spritzen einen Spray, der höchstens lindert. Um die Lippen lauter Blasen. Das einzige Allheilmittel einer Salbe hilft nicht. Durch wochenlanges Schmieren wird das hochinfektiöse Wasser der aufplatzenden Bläschen auch auf gesunde Haut verteilt. Bei mir eitern nun schon ein Nasenloch und beide Seiten der Nasenschleimhaut. Die eklige Soße läßt sich wegen der Salbe nicht abtupfen, wenn sie über die Oberlippe läuft.

Alle Speisen kotzen an. Völlige Appetitlosigkeit. Keinerlei Geschmack mehr, keinerlei Geruch. Die Nerven sind also bereits abgestorben. Gut so, in diesem Falle. Der Ekel würde sonst zusätzlich belasten. Alle Darmschleimhäute sind wie die Magen- und Mundschleimhäute genauso zerstört. Krebspatienten kennzeichnet der aufgetriebene Hieronymus-Bosch-Bauch. Jeder leidet an nicht abreißenden Blähungen, die sich nicht einmal im Ansatz beherrschen lassen. Es muß um uns schrecklich stinken.

Mitpatient: Münchener Ingenieur. Darmoperation, nach einem halben Jahr Tumor in der Leber, nach einem weiteren Metastasen in der Lunge. Therapieunterbrechung wegen Unverträglichkeiten der Chemotherapie. Also wuchs der «Blumenkohl». Kann kein Wasser mehr lassen. Alle drei Tage punktieren der Bauch-Galleone. Übungsobjekt für Letztsemestrige. Das Vorstechen mit der ersten Nadel durch die Bauchdecken scheint relativ machbar zu sein. Aber dieses vorgestoßene Loch mit der Abflußkanüle zu finden, führt zum «fummeln». (Auch Schwestern sagen über den Oberarzt, er könne jetzt nicht kommen, er «fummele» gerade in Zimmer XY.) Aus so einem Bauch laufen bis zu drei Kunststoffgefäße voll, groß wie kleine Eimer. Visitenrätsel, wo das Zeug produziert wird. Man therapiert ja den Mann nicht

71

mehr, und er ißt auch nicht. Da er in München wohnt, tägliche Besuche seiner Frau. Er behandelt sie schikanös. Nur Umgang im Befehlston.

Unser gedämpfter Optimismus steht gegen die Tücke dieser Krankheit, die man lehrreich durch die Begegnungsbilder mit ständig wechselnden Mitpatienten erfährt. «Auf Klasse» zu liegen bei Prof. Wilmann, wie ursprünglich gedacht, wäre wahrscheinlich schädlich: teils niederdrückende Nabelschau, teils Atmosphäre kaschierender Lügen, die eine Krankheitsauseinandersetzung verhindern.

In den Therapieintervallen zu Hause hänge ich im Halbschlaf ganze halbe Tage wie ein nasser Sack im Sessel. Aber ich lege mich nicht! Und wenn ich nur eine Seite auf der Schreibmaschine am Vormittag schaffe! Abtippen eines fertigen wissenschaftlichen Manuskriptes über die Vertreibung aus der Sicht der Täter. Rein mechanische Arbeit des Hirncomputers. Selbst kleine Denkkorrekturen sind unmöglich. – In den Betten von Großhadern träume ich viel: Spanien! Der psychische Krafteffekt liegt in der Negation des Physischen.

Wichtiger als der eigene Wille sind Bezugspersonen, da sich Lebenswille und Zukunftsperspektiven an ihnen festmachen. – Ohne Hedwigs aufopfernde Liebe hätte ich mich längst fallenlassen.

Die Frau des Ingenieurs ist eingeschlafen, kaum vierzig. Er um die fünfzig. Sie sitzt täglich geduldig bei ihm. Tränen stehen in ihren Augen. Zuvor hatte er Anweisungen gegeben, welche Sendungen sie auf Video aufnehmen solle: «Lindenstraße». Auch für eine solche Frau muß der Tod Erlösung sein.

Das Verhältnis zur Außenwelt (Gesellschaft) ist erdrutschartig in Wandlung. Entsetzen und Lähmung über meine Krankheit machten sich zunächst Luft in einer spontanen Zuwendung. Das Haus glich wochenlang einem Blumenladen. Die Qualität der Sträuße, Töpfe und Gebinde übertraf alles, was man sonst an «runden» Geburtsfeiertagen erlebt. Alle Freunde und Bekannten, selbst die Nachbarn, hatten sich bemüht, für den Blumenfreund und Gärtner etwas Ausgefallenes, Ästhetisches zu finden. Hedwig freute sich über diese gesellschaftliche Anerkennung mehr als ich. Gewiß, niemand mochte das so meinen oder gar wissen: Es war ein «Begräbnis» I. Klasse. So nackt, so ohne Scham und Hemmung, zeigt man Zuwendung und Liebe nur im Bewußtsein des Verlustes, der angenommenen letzten Trennung. Die schönste Erinnerung: Ein kitschiges, herzförmiges Kissen von meinen Mädchen des Leistungskurses, mit den Unterschriften aller (garantiert waschecht!) und allen möglichen Liebessignalen (Herzchen). Ich mag es nicht als billigen Gebrauchsgegenstand nehmen, sondern stelle es überall sichtbar hin, wie die Oma ihre Nippes, als Erinnerung an einstige Seligkeiten.

Viele andere Abiturientinnen haben mir Briefe geschickt, auch die früheren Jahrgänge, die mir meine pädagogischen und menschlichen Erfolge testierten. Grabnachrufe! – Mein Leistungskurs hat sich entschieden gewehrt gegen den Lehrerersatz für mich, der nicht im geringsten adäquat sei. Mit meinem Todeskampf beginnt die Legendenbildung. Man rückt mich – besonders die früheren Jahrgänge – wie einen Toten in die Nähe von Helden und «Heiligen». Die «Vox populi» zeigt Instinkt, sie erweist dem nahenden Tod die erste Referenz.

Der Ingenieur diktiert seiner Frau, einschließlich Interpunktion, viertelstundengenau Tagesabläufe. Seine Fixierung auf den «Circulus vitiosus» ist perfekt. Nichts weist mehr aus dem Labyrinth der Krankheit hinaus. Selbst die Frau ist tyrannisch in diesen Gedankenleerlauf einbezogen. Stundenlang liegt der Moribundus fast völlig aufgedeckt, unablässig jedoch spielt er am Genital. Erst nachts, nach Mitternacht, wird er gewöhnlich aktiv.

Ein Abführmittel wirkt endlich. Seitdem den ganzen Tag schwere Darmschmerzen. Fissuren und Hämorrhoiden. Das wird nicht beachtet. Begleiterscheinungen zur Thrombose: Blutverdickung.

Gespräch mit dem Moribundus. Ingenieur bei MAN. Er erbricht, kann kein Wasser mehr lassen, seine Venen geben kein Blut mehr her. Stierer Blick aus den Kavernen der Augen. – Warum er nicht Schluß gemacht habe? Seltsame Begründung, auch das Ende bewußt erleben zu wollen. Die dritte Frau. Er hat sie erst während der Krankheit geheiratet, Bruch mit allen Kindern der anderen Ehen. Also auch psychische Traumata, denke ich.

Ein Bauer aus Bogen an der Donau. Darmtumor. Ein Jahr Ruhe nach der üblichen Operation. *Feldarbeit einschließlich Pflügen ohne Behinderung und Beschwernisse, obwohl plötzlich im Leib ein Gewächs von der Größe eines Kinderkopfes. Nach erneuter Operation Lebertumor. Hyperchemotherapie: örtliche Überwärmung auf 44 Grad. Illusionist. Er glaubt an kein Ende, solange ihm sein Bier schmecke. In den häuslichen Telephonaten immer wieder dieser Maßstab, ob das Essen schmecke. Wenn Ärzte diese Alkoholbelastung für das Entgiftungsorgan Leber einschränkungslos erlauben, sollte man wissen, woran man ist. – Ein Lebertumor würde mich zum Schlußstrich veranlassen in einem Zustand der noch möglichen Reaktionsfähigkeit. Wird dieser Zeitpunkt verpaßt, ist man nur noch Auflösungsobjekt, menschlicher «Problemmüll» für die Angehörigen. Ich wehre mich innerlich gegen den Illusionismus und Selbstbetrug der Krebsstation. Der anerzogene aristotelische Zweifel schärft meinen Blick.*

25. August 1987: Sono. – *Eine Assistenzärztin glaubt, in der Leber etwas festgestellt zu haben. Ein hochgedopter Professor wühlt mir das Gerät in den Leib, als ob er die Leber von hinten besichtigen möchte. Belehrung der Ärztin, es sei nichts festzustellen. Die von ihr gesehenen Erscheinungen würden sich nicht bewegen, auch würfen sie keine Schatten. Beruhigendes Fachgesimpel. Dieser großhaderner Braintrust fasziniert. – Ultraschalldiagnose erfordert eine ungewöhnliche technische und medizinische Erfahrung. Rückblick auf die mir gestellten Fehldiagnosen in der Provinz.*

26. August 1987: Wahnsinnige Schmerzen im Analbereich. Nachts wenig Schlaf. Qualvoller Stuhlgang.
Die Last der Frauen von Tumorpatienten ist gewaltig: Besuche oder endlose Telephonate der Anteilnahme. Immer und immer nur Krankengeschichte. Die Angehörigen spielen gewöhnlich Optimismus gegenüber dem Kranken, man lügt mit Halbwahrheiten aus gesellschaftlichen Rücksichten, belügt sich auch selbst, um nicht zu verzweifeln. Hedwig möchte bleiben, wer sie ist. Deshalb Weigerung, zu den fünfundvierzig Geburtstagsgästen der Frau P. in dieser Situation gehören zu müssen.

Dr. Gr. hat sich nach dem CT persönlich erkundigt. Ergebnis: Tumor und Metastasen sind nicht weg, aber alle geschrumpft. Damit ist der Nachweis gegeben, daß ich auf die Medikamente anspreche. Wir können beim gleichen Behandlungsschema bleiben. Morgen beginnt der dritte Zyklus. Hedwig darf mich am Freitag wieder holen. Ein Freudentag.

27. August 1987: Nach der guten CT-Nachricht hat mir das Besteck in der Hand gezittert. Auch für Hedwig Erlösung vom schwersten Druck. Nun kann sie Verwandten und Bekannten die erste Hoffnungsnachricht durchgeben. In der Nacht habe ich geweint und nach Jahren wieder gebetet. Dank! Dank! Dank!

7. September 1987: Die wenigen Tage daheim unter schwersten Natulanfolgen: kaum fähig, etwas zu essen. Gewichtsverlust jetzt insgesamt fast vierundzwanzig Pfund. Schmerzender Schluckauf, brennender Anus. Ich saß fast nur dirilierend im Sessel meines Arbeitszimmers. Flucht aus dem Betten- und Krankenhaushospitalismus in meine Bücherwände.
Seit heute morgen ein Tag irrer Dramatik. Ein punktuell stechender Schmerz unter dem rechten Schulterblatt ließ den Hausarzt auf eine Mikroembolie in der Lunge tippen. Anruf in Großhadern. Mehr als eine halbe Stunde zusätzlich im Stau: Straßenbau. Noch in der Kleidung die erste Spritze. Kaum ausgezogen bereits auf dem Transportwagen. Die Uniklinik handelt, sie handelt blitzschnell – wie immer! Durch die Kellerlabyrinthe des technischen Apparate-Arsenals. Thorax-Aufnahmen. Embolie-Szintigramm. Sehr schmerzhafte Spritzen mit Kontrastmittel beidseits zwischen große Zehe und zweite Zehe. Der Apparat liegt zentimeterdicht auf. Auch die kleinste Bewegung unmöglich. Hedwig darf bei mir sitzen. Meine lockere Umgangsart mit dem MTA-Personal überdeckt unsere innere Spannung. Fast eineinhalb Stunden tickert der Apparat über meinen Körper hin. Die Assistentin ist sehr menschlich: Sie sehe nichts. Der Arzt: Das Gerinnsel habe sich höchstwahrscheinlich schon aufgelöst. Hedwig kann beruhigt heimfahren. Dauertropf wegen Emboliegefahr.

Ein Bettnachbar wieder der Münchener Ingenieur. Der Moribundus röchelt fast nur noch mit halbgeschlossenen Augen. Offensichtliche Schadenfreude: Nun hätte ich ja auch schon meine Rückfälle! Auch seine Frau reagiert «weise»-pessimistisch auf Hedwigs Hoffnung: Das kenne man, diese Anfangserfolge. In Wachminuten fordert der Ingenieur, man solle ihn gefälligst therapieren. Eine Schwester: Ob er nicht einmal mit dem Arzt über seine Krankheit gesprochen habe? Am Nachmittag erscheint der ständig geforderte Autohändler am Bett mit Prospekten. Er will seinen Wagen verkaufen und das neue Modell für seine Frau bestimmen. Nachts will er im Gang spazieren-gefahren werden. Nach Ablehnung seines Ansinnens bricht er mit dem Notdurftstuhl selbst auf. Wo hat er die Kräfte plötzlich her? Letzte Unruhe vor dem Tode? Unrast vor dem Hereinbrechenden? – Am nächsten Morgen verlegt man ihn in ein Einzelzimmer. Ein neuer Bettnachbar kommt.

Dr. Gr. nach der schriftlichen Bestätigung des letzten CT sehr zufrie-den. Leber und Niere seien frei. Nach zwei Zyklen insgesamt ein opti-maler Erfolg.

20. September 1987: Seit Donnerstag schon wieder in Großhadern. Die wenigen Tage häuslicher Atempause waren reichlich kurz. Ein Dr. Ge., beauftragt, alle Behandlungen maligner Lymphome der Uniklinik zu kontrollieren und wissenschaftlich auszuwerten, zeigte sich mit dem Fortgang unzufrieden. Zwar seien alle Metastasen be-stens zurückgegangen, die Muttergeschwulst habe aber nur eine Re-mission von 7 auf 5 Zentimeter erfahren. Anregung des Medikamen-tenwechsels. – Maßstab für solche Entscheidungen nicht der Einzel-arzt, sondern die wissenschaftlichen Unterlagen. Alle Daten der Tumortherapie in Europa laufen an der Uniklinik in Kiel zusammen.

Beratung meiner Ärzte mit dem Kontrolleur Dr. Ge. Ergebnis: Umstei-gen auf VP 16. – Natürlich muß der jeweilige Oberarzt (wahrschein-lich gibt es acht in Großhadern auf vier Tumorstationen) eine solche Entscheidung verantworten, doch seine Entscheidung berät vorher ein Ärzteteam. Von 11.00 Uhr auf die Minute bis 12.00 Uhr, auch 12.30 Uhr, findet man keinen Arzt mehr auf den Stationen. In dieser

Zeit werden die Aufnahmen der Computer-Tomographie kinobild-
groß projiziert und vom Fachprofessor für Röntgendiagnostik inter-
pretiert. Hier tauscht der Braintrust seinen Erfahrungsschatz aus. Eine
dann eingeleitete Therapie kontrolliert gewöhnlich der vorgesetzte
Professor und Lehrstuhlinhaber. – Prof. J. in unserer Abteilung: Hoch-
qualifizierte Wissensmaschine. Unangenehmer Typ. Entblößendes
Examinieren der Ärzte am Krankenbett. Für den Lateinkundigen
geben Krankendispute Durchblicke. Normalpatienten klagen dagegen darüber, nichts zu erfahren. Zwischen Ärzteschaft und Patient
die Mauer des Wissenschaftsjargons. Nur erregte Auseinandersetzungen machen einiges deutlich. Prof. J. zu Dr. M.: «Das habe ich
Ihnen doch gleich gesagt, daß es nicht helfen kann!» Für Prof. J. gibt
es nur Objekte. Kein Gruß- oder Blickkontakt mit den Patienten. Als
er aus den Papieren erfährt, daß ich promovierter Akademiker bin,
kurzer Wortwechsel über meinen Beruf und seitdem die Auszeichnung des Dankesgrußes. Er läßt mich sogar zuhören, wenn er im Flur
seine sehr direkten Seminare über unsere Krankheit hält. Seine medi-
zinisch-wissenschaftliche Selbstkritik fesselt mich! Nur der wissenschaftliche Ehrgeiz mag Onkologen vor der Verzweiflung bewahren.
Ihr Bemühen konzentriert sich allein auf die winzige prozentuale Stei-
gerungsrate der Ausnahmen dauerhafter Therapieerfolge. Das allein
zählt. Ich selbst bin bestenfalls so ein tausendstel Prozent.
Dr. Gr., dem Assistenzarzt, bleiben die Patienten mit ihrer Psyche
überlassen. Einstellung auf schlimmste Nebenfolgen: Mittelfristig –
bis zu einem Jahr nach Absetzen der Therapie – pelziges Gefühllos-
werden unterschiedlicher Gliedmaßen (Füße, Finger, Hände), Herz-
belastungen bis zu Herzschäden. Mögliche Dauerschäden: Irreversi-
bilität dieser Erscheinungen. Sofortschädigungen sollen durch
Gegenmaßnahmen kupiert werden. VP 16 ist so aggressiv, daß Arzt
und Schwestern am Einstich jetzt mit Handschuhen arbeiten. Auslau-
fende Zytostatikaflüssigkeit erzeugt auf der Haut maligne Mela-
nome. Bei versehentlichem Durchstich der Vene wird das gesunde
Gewebe des Armes zerfressen. Jetzt jeweils fünf Tage an den Zyto-
statikatropf. Dazwischen, im exakten Stundenabstand – auch nachts
– Spritzen, um die negativen Auswirkungen auf Nieren und Blase zu

begrenzen. Fortsetzung der Zyklen erst nach vier Wochen, da jetzt die zerstörende Wirkung auf das Knochenmark stärker ist. Vorgesehen sind mindestens drei Zyklen. – Ich finde mich ab, wahrscheinlich noch Weihnachten hier zu liegen.

Das Karussell der Fragen dreht sich. Ich falle meinem Oberarzt lästig. Bin ich gegenüber dem ersten Medikament immun geworden? Dr. M.: Laiendeutung. Was dann? Er windet sich. Vielleicht seien es auch verschiedene Arten von Krebszellen, mit denen wir zu tun hätten. Nachgesetzt die Verlegenheitserklärung: Auch nur eine Theorie. Was wäre, wenn auch diese Zytostatika nicht zögen? Schweigen. – Der Blick beginnt sich zu schärfen: Verlorener Wettlauf zwischen Tumorexplosion und Zytostatika-Dosierung: Exitus. Ursache: ärztlicher Erfahrungsmangel. Verlorener Wettlauf zwischen Tumorexplosion und mangelnder Medikamenten-Ansprechbarkeit: Exitus. Ursache: ärztliche Ohnmacht.

Blick in den Patientengarten: Die wandernden Pünktchen der Hoffnungen, Illusionen, Täuschungen, Bangnisse. – Jede Krankheit bewirkt eine Neurose. Jede Neurose demoralisiert.

Hedwig ist rührend besorgt. Sie ermutigt immer wieder am Telephon. Alle Energie ist bei ihr auf den Sieg über meine Krankheit gerichtet. Wie souverän führt sie das Haus weiter, den Außenkontakt, die Gartenarbeit, ihre Altenbetreuung! Ihre Energieentfaltung ist verblüffend. Sie ist ganz Liebe. – Ich sehne mich danach, mit Hedwig einen ganzen Tag eng umschlungen auf der Raschötz und der Seceda zu sitzen, Langkofel und Plattkofel im Blick und mein über alles geliebtes Südtirol unter mir ausgebreitet.

Ein neuer Mitpatient: 20 Jahre alt, Koch, Hodenkrebs, medikamentöse Behandlung, nach einem Jahr Rückfall: Metastasen im kleinen Becken. Beabsichtigte Therapie: Zwei Zyklen Zytostatika, Operation, weitere drei Zyklen Zytostatika. Oliver wehrt sich noch gegen das Operationsansinnen, weil der Eingriff impotent machen könnte. Er ahnt noch nicht, daß Zytostatika ohnehin impotent machen. Bagatellschaden mit zweiundsechzig. Ist mit zwanzig Potenz das Leben? Zeitperspektiven verändern Antworten. Was wäre 1945 ein Potenzschaden gewesen, wenn man damit Krieg oder Gefangenschaft in Sibirien überlebt hätte? – Oliver träumt noch mit seiner Braut: hübsches «G'schau», etwas oberbayrisch-barock, schick gekleidet und «liab». Unser Zimmer gleicht einem Blumenladen und Obstgeschäft, wenn sie am späten Nachmittag aus der Innenstadt kommt. Sie ist Verkäuferin in einem Bekleidungsgeschäft, legt sich zu ihm ins Bett. Mit ihrer Rührigkeit hat sie einen Fernseher gemietet. Man sieht gemeinsam in die dröhnende Glotze und ist quälenden Gesprächen enthoben. Unbekümmerter Frohsinn tanzt durch den Raum. – Den leichten Kork drückt auch die Flut nicht unter Wasser.

Langes Telephonat mit Hedwig. Nach ihr sei mein Weg ohnehin festgelegt. Wenn es mir bestimmt sei zu sterben, hätte mich der Tod in den mehrfachen Grenzsituationen längst erreicht.

Venenentzündung im rechten Unterarm. Setzt man die Nadel für den Dauertropf zu hoch, in Richtung Armbeuge, dann «bewegt» sich die Nadel bei jeder Armbeuge mit. Meine Venen sind durch die täglichen Heparinspritzen, Nieren- und Blasenspritzen, Zytostatikaspritzen so zerstochen, daß manche Ärzte bereits sehr schmerzhaft auf die Handvenen ausweichen müssen.

Ende Oktober 1987: CT-Ergebnis nach zwei Zyklen VP 16: Remission der Muttergeschwulst nur um 1 cm. Die Situation spitzt sich zu. Dr. M. sehr ernst und schweigsam. Was nun? Der Braintrust ist gefordert. Prof. J. wollte längst auf Strahlentherapie wechseln. Welche Strahlen? Welche Erfolgsaussichten? Tappen im Dunkel. Lymphome sind zu achtzig Prozent durch Chemotherapie mit Erfolg therapierbar, hieß es. Und wenn man zu den zwanzig Prozent gehört?

Dr. M. auf dem Bettrand. Er will noch nicht aufgeben. Angebot eines nochmaligen Therapie-Wechsels. Einschränkung: Man habe damit wissenschaftlich noch kaum Erfahrungen. Erfolgsquote fünfzig Prozent. Ein halber Tag Überlegungsfrist.

Meine Entscheidung: Zuschlagen ohne Rücksicht! Es gibt nur die Flucht nach vorn. Dr. M. ist sehr zufrieden: «Ich hätte mich auch so entschieden!» Er weiß, was er mir zumuten darf. Für ihn auch Verantwortungsfreispruch. Jetzt also Eloxan, kombiniert mit Methotrexat. – Zunächst spontane Fieberreaktion. Bei mir – unspezifisch – fast stets.

Um die 40–41°. Deshalb schon undramatische Abwarteroutine. Fiebersenkende Mittel. Nächtliche Wäschewechsel. Ich trinke in solchen Nächten Unmassen an Fencheltee aus der Schwesternküche. Taghelles Neonlicht. – Nächte sind lang.

Oliver ist wieder im Hause. Er sucht stets mit mir ein Zimmer zu bekommen. Oliver träumt tagsüber. Er liest einen ausgefallenen Kochbildband nach dem anderen. Sein Ziel: das eigene Exklusivlokal. – Aber heute plötzlicher Aufschub seiner Therapie. Ruckartiges Absinken der Leukozyten, noch während er am Tropf hing. Anscheinend Wiederholungssituation. Die Ärzte überspielen ihre Betretenheit. Gehört Oliver zu den Exitus-Kandidaten? In den verschiedenen Zimmern liegen reihenweise die nicht mehr therapierbaren Patienten mit den abgesunkenen Leukozytenzahlen. Mindestens 3000 Leukozyten gelten als Therapieminimum. Warum reagiert Olivers Knochenmark so extrem? Er ist doch erst zwanzig? Warum produziert mein Knochenmark sogar vorhersagbar? Erholungswetten mit den Ärzten lehnten diese bald ab, weil ich stets recht behielt. Wir witzelten also um den Tod. – Onkologen lehnen demnach begründet jede Prognose über einen wahrscheinlichen Krankheitsverlauf ab.

Situationswechsel in Stunden. Noch am Vormittag entgegenkommendes Gespräch von Dr. M. mit Oliver über seinen Haarausfall. Er möge eine Perücke für DM 700,– kaufen und nicht für DM 300,–, wenn sie kaum sichtbar sein soll. Solche Gespräche fallen in unserem Alter weg. Selbst der Unterschied zu den Frauen im Nachbarzimmer ist eingeebnet, wenn wir uns kahlschädelig im Flur begegnen. Stigmatisierte! Im großen Gebäudekomplex des Uniklinikums weiß jeder Mensch, daß wir die Todeskandidaten sind: die anderen! Man will Oliver dieses Gefühl des Ausgegrenztseins selbst unter Kranken wahrscheinlich ersparen. Eine Schwester: «Wir identifizieren uns ungewollt mit einem jungen Patienten stärker.»

November 1987: 41° Fieber. – Anweisung von München: Sofortiges Kommen! Naßkaltes Wetter. Wie oft ist Hedwig nun schon diese verrückte B 12 gefahren? Dichtester Verkehr. Baustellen. In einer solchen Situation sind 85 km viel. Hedwigs Sorge steht ihr im Gesicht. Park-

schwierigkeiten. Nässe und Kälte. Mühsames Umladen vom Auto in den Rollstuhl. Spätnachmittag, Novemberdunkel. Das Fieber schüttelt mich. Endlich auf Station. Eine Tumorabteilung im gigantischen Betonkomplex ist intimer als jedes Provinzkrankenhaus. Ärzte und Schwestern kennen jeden Patienten namentlich. Ich finde sofort ein Bett in passender Umgebung, jedes Gesicht des medizinischen Personals ist mir vertraut. Hedwig hilft beim Ausziehen. Mir schlagen die Zähne. Weit über 41°. Blutabnahme. Routinehandlungen der jeweiligen Neueinlieferung. Die erste fiebersenkende Spritze. Schon nach zehn Minuten hört der Schüttelfrost auf. Nochmalige Blutabnahme durch einen Arzt der «Inneren» zum Ansetzen von Kulturen. Abhören, Abklopfen. Der Apparat in Bewegung: Ursachensuche!
Zwei Stunden später: kriminelles Ergebnis: Leukozyten 200, Trombozyten 17 000. Die Gesichter sind sehr ernst geworden. Jedes Scherzen hört auf. Normalwerte: Leukozyten 5000 bis 8000, also nur noch $\frac{1}{30}$ von normal, «Thrombos» 150 000 bis 300 000, kaum $\frac{1}{7}$ von normal. Man hat auswärts Thrombozyten zur Infusion bestellt. Bis Mitternacht sollen sie eingeflogen werden. Man verlegt mich in ein Dreibettzimmer allein: Konterquarantäne. Großes Schild des Eintrittsverbots an der Tür. Ärzte und Schwestern ziehen vor Eintritt Spezialmäntel und -schuhe an. Niemand betritt das Zimmer ohne Mundschutz. Erst heute weiß ich, daß die banalste Infektion in dieser Situation den Tod bedeutet hätte, da bei diesen Leukozytenzahlen jedes Medikament unwirksam bliebe. Hochakute Gefahr des (inneren) Verblutens durch die herabgesetzte Thrombozytenzahl. Mein ohnehin zu niedriger Blutdruck ist durch die fiebersenkende Spritze stark abgesunken. Man versucht zu stabilisieren über den Tropf. Immer noch 39,8 Fieber. Der Nachtdienst hat längst übernommen. Eine Lernschwester darf mein Bett nicht mehr verlassen. Sie mißt alle zehn Minuten den Blutdruck. Zwei andere Schwestern wechseln Wadenwickel. Die blutjunge Lernschwester erzählt von sich, warum sie Schwester werden will. Sie ist religiös, sucht Sinnerfüllung, nimmt Ermutigungen und Ratschläge an. Halbstündlich kommt die besorgte Nachtärztin. Nur um das Bett ist helles Licht, der ganze übrige Raum liegt im Dunkel. Kein Flurgeräusch in der Nacht, kein Straßenlärm im zehnten Stock,

kein Uhrenticken – Sargstille. – Was macht jetzt Hedwig allein im großen Haus? Wie wird die Ungewißheit wieder lähmend drücken? – Zwischendurch fallen mir die Augen zu. Die kalten Wickel und die Blutdruckmanschette reißen immer wieder hoch.

Schließlich neue Hektik. Soeben eingetroffen die bestellten Thrombozyten. Ein zusätzlicher Tropf. Im aufgehängten Beutel kein rotes Blut, sondern eine braune Blutflüssigkeit. Es geht tatsächlich schon auf Mitternacht. Spontane Reaktion: Anstieg des Fiebers auf weit über 41. Entschluß der Ärztin zu einer weiteren fiebersenkenden Spritze. Wenig später sackt der Blutdruck weiter ab. Die kleine Lernschwester meldet 70 und darunter. Alle Kreislaufmittel helfen nicht, selbst der vierte Beutel am Tropf bleibt ohne Wirkung. Die Nachtärztin verschwindet, kommt zurück mit einem hochgedopten Fachkollegen der «Inneren». Gemeinsames Tuscheln an der Tür. Dann: Ob ich einverstanden sei, wenn man mir einen Herzkatheder legt? Rückfrage: Leiste, Hals oder Armvene? Armvene will der Arzt versuchen. Natürlich Einwilligung. Man befürchtet also einen Kreislaufkollaps, wenn der Blutdruck auf 60 absackt. In die dann verhärteten Venen kommt keine Nadel mehr. Herrichten der Unterlegungen für das kleine Blutbad durch die Schwestern. Monoton die Blutdruckzahl der Lernschwester. Fieberschweiß. Die Nachtärztin sichtlich erleichtert. Ihr Kollege steht jetzt in der Verantwortung. Ansetzen der Nadel. Immer wieder die Aufforderung, ich solle wegsehen. Mein dummer Scherz, was für dicke Ofenrohre er da hereinstoße, macht ihn unwillig. Das ist in der Verantwortungssituation zuviel. Langsames Einschieben des Kunststoffschlauches. Anscheinend gelungen; die zum Zerreißen angezogene Spannung läßt nach. Auch der Arzt geht jetzt auf meinen scherzenden Ton ein. Es ist drei Uhr. Jetzt schlafe ich doch stückweise weg, immer wieder hellwach durch das unablässige Messen des Blutdrucks. – Die erste Nacht einer Lernschwester auf der Krebsstation, wie sie mir später erzählt.

Morgenvisite. Dr. M. ist voll orientiert. Bis in den späten Abend erfolgten alle Maßnahmen nach telephonischer Rückfrage bei ihm. Er amüsiert sich sichtlich über den Bericht seines Arztkollegen zu meinem nächtlichen Verhalten. Wir kennen uns. Natürlich stecken wir in einer Medikamentenfolge. *Schicksal des Onkologen: Zu schwache Dosierung bedeutet zwangsläufig Exitus; zu starke, wie diesmal, nur schweren Folgeschaden.* Gegen Schaden läßt sich etwas tun, therapeutisch und im Verhalten, nach dem Exitus nichts mehr. Dr. M. zweifelt erstmals, ob die Leukozyten wieder kommen werden. Ich tröste ihn mit Gewißheit. Nach vier Tagen vage Anzeichen der Wende. Leukozytensteigerung in vierundzwanzig Stunden um 150, zwei Tage später um 300. Ich rechne hoch auf 1500 und versuche schon die nächste Entlassung auszuhandeln.

Krankenschwester auf der Tumorstation. Keine Atempause, kein Leerlauf. Nur beim Wechsel der Schichten, rund um die Uhr, eine Tasse Kaffee. Austausch mit den Ärzten und der vorangegangenen Schicht über das jüngste Geschehen. Jede Schwester kennt von jedem Patienten kleinste Vorkommnisse. Absolutes Schweigen über die Krankheit des Mitpatienten und den eigenen Krankenzustand. Immer sachlich-freundlich. Man bleibt leicht unterkühlt, verhindert damit ein zu enges Bezugsverhältnis. Schade. *Schwesterngeständnis: Die Arbeit verfolge bis in die Freizeit.* Bei der Sterberate einer Tumorabteilung müßte eine stärkere Identifikation der Schwestern mit dem einzelnen Patientenschicksal fortlaufend in psychologische Trauerphasen stürzen. Meine Schwestern kommen aus ganz Deutschland: Oberbayern, Schwaben, Württemberg, Saarland, Aachen, Niedersachsen. Man bewirbt sich in Großhadern für die Tumorstation, will also lernen, helfen an der äußersten Frontlinie. Der Alltag fordert von diesen Mädchen ein Höchstmaß an Zucht und Verantwortung. Spritzen, Tropf usw. kommen uhrzeitgenau, denn die Schwestern sind die mahnende Erinnerung der Ärzte. Stundenlanger Eintrag des Therapieverlaufes in die Patientenkartei. Nicht die geringste Lässigkeit. Und das bei miserabel gleicher Bezahlung wie andere Schwestern. Eine einzige Endzwanzigerin hält das schon acht Jahre durch. Umgang mit dem Tod – fast ohne berufliche Beförderung oder gesellschaftliche Anerkennung. Unsere «humane» Gesellschaft achtet solches Tun nicht höher als Totengräberarbeit im Mittelalter.

Nun also den 2. Zyklus des letzten Chemoexperiments. Ich bin immer noch therapierbar! Das Knochenmark scheint sich erholt zu haben. Dr. M. schätzt das Risiko neu ab. Reduzieren der Medikamentendosis. Er ist mit meinem Einverständnis bis an die allerletzte Belastungsgrenze vorgestoßen. Mein Hausarzt: «Was man da mit Ihnen angestellt hat, dürfte kein anderer Arzt wagen.» Prof. J. mit letzter Kongreßerfahrung: Man müsse diese aggressiven Zytostatika nicht in drei Stunden am Tropf verabreichen, sondern in eineinhalb bis höchstens zwei Stunden. Dann seien die Medikamente verträglicher. Erfahrung gegen Logik! Also nun verkürzte Medikamentengabe. Seltsam, auf diese Weise erstmals keine Fieberreaktion. – Alles ist offen. Schon in Großhadern stieg der Spannungszustand aller Beteiligten. Hoffentlich ziehen die Mittel diesmal. Sonst wäre alle tierische Qual umsonst.

Drei Wochen Wartezeit auf das entscheidende CT. Erst am 18. Dezember. Auch eine Art von Advent. Das Haus wirkt tot. Wir sind ruhig und beherrscht, aber es fehlen die großen Latschensträuße mit Strohsternen, die ausladende Arvenwurzel an der Decke des Treppenhauses, mit den dicken, roten Kerzen, vor allem die einstimmende Krippe. Die Zeit vor Weihnachten brachte stets Rückerinnerungen an Kinderweihnachten, eigene und mit Karin. Seit Karins Tod war Weihnachten ohnehin der schwerste Tag des Jahres.

18. Dezember 1987: Endlich das CT. Das Klinikum in der Weihnachtswoche fast leergefegt. Sonst wartet man bis zu fünf Stunden, ehe man aufgerufen wird, mit einem Liter Wasser im Bauch. Widerlich dieser Pfefferminzgeschmack, der das radioaktive Kontrastmittel vermutlich überdecken soll. Die Münchener scheinen um Weihnachten keine Ambulanz zu benötigen. Mit den wenigen Mitpatienten (Darmtumore) kurzer Gedankenaustausch. Jedes CT – Thorax bis Abdomen –, ungefähr 70 Aufnahmen. Strahlenstärke nach Auskunft bei den MTA's wie drei Thoraxaufnahmen üblicher Reihenuntersuchungen. Immerhin, das wären die Strahlen von mindestens 25 Aufnahmen herkömmlicher Art in dreiviertel Jahren. Man «strahlt» innerlich wie ein Weihnachtsbaum. Schädliche Strahlenbelastung? Eine Farce! Vom «Segen» der Strahlen! Seltsame Weihnachtsgedanken.

19. Dezember 1987: *Erst nach der Mittagspause kann man Ergebnisse in Großhadern erfahren, also nach den CT-Besprechungen mit den Röntgendiagnostikern. Die Verbindung verzögert sich um eine halbe Stunde, um noch eine halbe Stunde der Warteewigkeit. Schon der Vormittag streckte sich endlos. Dann endlich – die Hiobsbotschaft! Aus! Abbruch der Chemotherapie! Meine Muttergeschwulst hat auf das aggressivste Medikament unseres Experimentes nicht mehr angesprochen. Das ist vermutlich mein Ende. Alles umsonst. Von ungefähr dreißig bekannten Zytostatika für alle 150 Tumorarten kamen bei mir elf verschiedene zum Einsatz. Und dennoch! So ist Onkologie. Dr. Gr. sehr zurückhaltend, sichtlich enttäuscht. Man schlägt die Überweisung zur Strahlentherapie vor. Meine Chancen? Es sei auch schon vorgekommen, daß Strahlen nach Chemotherapie gewirkt hätten. Es sei auch schon ... auch schon ... letztes Chancenminimum!*

Eine grausame Weihnachtswoche. Hedwig ist sehr still geworden. Das Ergebnis spricht sich schnell herum. Blumensträuße, Blumentöpfe, kunstvolle Blumenarrangements. Trost und vorgezogene Kondolenz. – Hedwig hat nichts verschwiegen. Wenn die Strahlentherapie nicht zuletzt noch wirkt (woran kaum noch jemand glaubt), rechne ich mit einer neuerlichen Explosion. Dann dürfte möglicherweise der Kampf schon bis zum Juni beendet sein.

Pfarrer G. besuchte mich in der Weihnachtswoche. Er gesteht, vor diesem Gang gebangt zu haben, weil er wohl bohrende theologische Fragen erwarten konnte und keine Antwortlügen bereithielt. Nichts von alledem. Es gab keine Panik, keine Angst, nicht einmal Unruhe. Er fand mich vielmehr ungewöhnlich ruhig. Aller Kampf schien ausgekämpft zu sein. Ich fragte nicht mehr, ob es so oder so – jenseits der Grenze – sein würde. Nur noch eine einschränkungslose innere Bereitschaft beherrschte mich, alles so zu nehmen, wie es ist: anzunehmen. Und das ist leichter als man denkt. «Drüben» – und schon im Angesicht des Todes – gibt es eben nicht mehr den bohrenden Widerstreit, die quälenden Alternativen und diese Lasten einer freien Entscheidung. Alles ist entschieden – unwiderruflich entschieden.

Der «lange» und der «kurze» Weg

Seelisches Leiden kehrt alle Tiefenschichten des Menschen nach «oben», rückt sie in die Sinnfrage. Je akuter sich die Situation des Leidenden verschärft, um so heftiger drängt das zu einer Stellungnahme: nach Verneinung oder Bejahung menschlicher Endlichkeit. Umwelteinflüsse der Angehörigen, Ärzte und Mitchristen, die alle Energie in das Bittgebet stoßen wollen, drängen zur Verneinung. Und tatsächlich: «Ein Mensch, der mit allen Fasern seines Herzens am Leben hängt, wird nämlich im Kampf gegen die Vergänglichkeit Kräfte mobilisieren, die für ihn selber und für den Mitmenschen wertvoll sind. Allerdings wird ein solcher Einsatz Züge eines Verzweiflungskampfes an sich tragen, weil man ja doch die Tatsache nicht leugnen kann, daß jeder Mensch vergehen und sterben wird. Eine derartige Auffassung hilft nicht, sich der Todesangst offen zu stellen und sich mit ihr auseinanderzusetzen.»[35]

Auch das «Man» (Heidegger) der Umwelt beruhigt über den Tod, aber das Trösten dieser Umwelt zielt nicht ab allein auf den Sterbenden, sondern meint ebenso sie selbst; denn das Sterben gilt als gesellschaftliche Unannehmlichkeit, das Denken an den Tod als Weltflucht. So bestätigten die Selbstbelügungen und die «lügenden» Ärzte in Großhadern Heidegger: «Das Man läßt den Mut zur Angst vor dem Tode nicht aufkommen.»

Oft ist es aber nur eine Frage der Zeit, die von den Wirkungen einer Therapie bemessen zu werden scheint, wann die Todesangst, gegen die sich der Patient in seinem seelischen Leiden aufzubäumen gedachte, den Kranken doch überwältigt. Dann aber macht Todesangst nicht mehr nachdenklich, sondern drückt sich aus in der Sehnsucht nach dem Ende aller seelischen Leidensqual, im Erlöschenwollen, unabhängig von allen Fragen nach Antwort und Sinn.

Zu diesem unbedingt notwendigen Fragen nach Leben und Tod, dieser von Gott gegebenen Freiheit zur Annahme oder Verweigerung des Todeschicksals, was zunächst das seelische Leid mächtig verschärft, hilft der Vorbildcharakter vom Leiden Jesu Christi augenblicklich psychologisch wenig. Sich für einen anderen Menschen zu opfern in einer bestimmten Sache, dieses «Sterben für…», kann niemals bedeuten, daß der eigene Tod nun abgenommen sei. Im Sterben zeigt sich, daß der Tod ontologisch unverrückbar zu mir selbst gehört.

Das Leiden des Herrn jedoch dünkt geradezu leicht gewesen zu sein, weil es ja von einem fest vorgegebenen Sinn bestimmt war, dem Opfer nämlich, während die Krankheit des seelisch Leidenden eine Sinnkrise ausmacht, für die sich Lösungen der Vorbildlichkeit niemals rezeptorisch von außen herantragen lassen, sondern in der Psyche des Kranken selbst freigesetzt werden müssen. – «Wer einmal unter Verzweiflung an sich oder dem Leben gelitten hat, kann sich einfühlen in die Lage seelisch Kranker oder Behinderter, wenn er sich vorstellt, daß bei diesen Menschen die Lebensangst so tiefgreifend und andauernd ist, daß Zwangsvorstellunge, Wahnideen oder lähmende Depressionen entstehen können. Vielfach sehen die Betroffenen keinen Ausweg mehr als die Flucht in die Sucht, in die Isolation, in absonderlich erscheinende Verhaltensweisen oder den Selbstmord. Lebensangst, Wahn oder Irrsinn sind Möglichkeiten menschlicher Existenz wie Mut, Klarheit und Vernunft», die sich nicht einfach durch kirchlich-moralische Verdikte verbieten oder verhindern lassen, denn «der ‹normale› Mensch kann diese Möglichkeiten seines Wesens meist ausbalancieren, der kranke oder behinderte Mensch kann dies nur begrenzt»[36].

Wer den Süchtigen oder Suizidanden verurteilt, richtet sich selbst. Ihm gerade mangelt christliches Mit-Leiden: das Verständnis für die Sinnleere, den «horror vacui», in den der Kranke oder Behinderte zunächst stürzt – eine Brutalität, die den immer als Vorbild hingestellten Kreuzestod schmerzlich übertrifft. – Ich habe mir während der Chemotherapie wiederholt den Krieg zurückgewünscht. Damals wäre es leicht, ja beseeligend gewesen zu fallen, weil mir eine Illusion, ein Glaube, ein Wahn diesen

Opfertod sinnvoll erscheinen ließ, im Gegensatz zu diesem Krepieren in der Fäulnis einer Krebsstation. Christus starb deshalb den «schönsten» Tod, einen beneidenswerten Tod der Begnadigung von solchem Ausnahmecharakter, daß er als Vorbild ganz unwirklich dünkt.

Erst heute glaube ich, den Freitod des tief christlichen Adalbert Stifter zu verstehen: Leberkrebs. Er durchschnitt sich die Kehle, verfuhr zu dilletantisch und lag zwei Tage im Todeskampf. – Man mag sich auch fragen, ob Sigmund Freuds Gaumenkrebs zu seinem dualistischen Menschenbild führte, nach dem der Mensch antagonistisch vom Lusttrieb der Sexualität und dem Todestrieb beherrscht sei. Als sich sein anhänglicher Hund zuletzt weigerte, mit ihm das gleiche Zimmer zu teilen, weil das Tier den Fäulnisgestank seines Tumors nicht mehr ertragen konnte, vollzog er den letzten Schritt.

«Das Irreale bäumt sich im Realen auf, durchbricht das Fundament des gesicherten Lebens... Dem psychisch kranken Menschen ist das alles zum Schicksal geworden. Ungefragt wird er zum Geschwür am Körper der Welt... Uns graust es, er muß das Grauen leben.»[37] So spiegelt seelisches Leiden auch die Versuchbarkeit des Menschen. Denn nicht das seelische Leiden als solches ist die unerträgliche Beschwernis, sondern – in Anlehnung an Nietzsche – die fehlende Antwort auf die Frage, wozu er zu leiden habe. Das macht die Gottferne der «metaphysischen Leere» aus, in die nicht einmal das Golgotha-Kreuz vorstößt!

Im Gegenteil! Dem psychisch Leidenden kehren sich die Werte um. Selbst der Untergang erscheint dann als «positiver Wert». Was übrig bleibt, ist allein die Sehnsucht nach dem Ende der Qual. Denn der Tod kann auch zur letzten Lust geraten, zum Genuß eines erlösenden Annehmlichkeitswertes. – Davon scheint Maupassant etwas geahnt zu haben, wenn er von einem Freitod bei Reseda-Duft träumte («L'Endormeuse», 1889), auch Jean Paul, der sich am liebsten im 5. Akt auf offener Bühne eines eigens dafür aufgeführten Trauerspiels hätte töten wollen («Titan», 130. Zykel). – Und Ernst Jünger, der 1985 längst das neunte Lebensjahrzehnt vollenden durfte, erlebte sogar den Anflug dieses Augenblicks im Ersten Weltkrieg. Über die letzte seiner vierzehn Verwundungen schrieb der Träger des Pour le mérite: «Als ich schwer auf die Sohle des Grabens schlug, hatte ich die Überzeugung, daß es unwiderruflich zu Ende war. Und seltsamerweise gehört dieser Augenblick zu den ganz wenigen, von denen ich sagen kann, daß sie wirklich glücklich gewesen sind. In ihm begriff ich, wie durch einen Blitz erleuchtet, mein Leben in seiner innersten Gestalt. Ich spürte ein ungläubiges Staunen darüber, daß es gerade hier zu Ende sein sollte, aber dieses Erstaunen war von einer sehr heiteren Art. Dann hörte ich das Feuer immer schwächer werden, als sänke ich wie ein Stein tief unter die Oberfläche eines brausenden Wassers hinab. Dort war weder Krieg noch Feindschaft mehr.»[38] – Das ist es: die Aufhebung jeder qualvollen Alternative, die Unbedingtheit des nur noch Einen!

In den wenigen Gesprächen mit Tiefgang, die ich in Großhadern während des gehäuften Arbeitsanfalls in der Tumorabteilung mit Ärzten oder Schwestern führen durfte, bekundete ich konsequent meinen Willen, ich würde die Therapie abbrechen und heimfahren, wenn sich Metastasen in Leber oder Lunge zeigen, um konsequent den «kürzeren Weg» zu wählen. Niemand versuchte zu beschwichtigen, zu bagatellisieren, wenn ich behauptete, dann nicht mehr mit Erfolg therapierbar zu sein. – Heute weiß ich mögliche Spätstadien meines Non-Hodgkin-Lymphoms noch sachgerechter einzuschätzen. Der Krebsbefall von Magen und Dünndarm läge ungefähr auf der gleichen Ebene, schrecklicher noch dürfte dagegen der Augenbefall sein, ein Hautkrebs mit sehr schweren Erscheinungen im Gesicht, Geschwülste, die das Zentralnervensystem zerstören, einen erhöhten Hirndruck bewirken und Nervenlähmungen. – Gewiß, auch dann hielte man mich mit den technischen Mitteln klinischer «Kunst» noch zwei Jahre experimentell am Leben.

Am Leben? An welchem Leben? Gottfried Benn kannte die Situation. In den rüden «Morgue»-Gedichten riß er das Pflaster humanistischer Beschönigung ab und lenkte – dem tief gläubigen Philipp II. verwandt – unseren Blick auf die «conditio humana»:

«Der Mann:
Hier diese Reihe sind zerfallene Schöße
und diese Reihe ist zerfallene Brust.
Bett stinkt bei Bett. Die Schwestern wechseln stündlich.

Komm, hebe ruhig diese Decke auf.
Sieh, dieser Klumpen Fett und faule Säfte,
das war einst irgendeinem Manne groß
und hieß auch Rausch und Heimat.

Komm, sieh auf diese Narbe an der Brust.
Fühlst du den Rosenkranz von weichen Knoten?
Fühl ruhig hin. Das Fleisch ist weich und schmerzt nicht.
[...]
Nahrung wird wenig noch verzehrt. Die Rücken
sind wund. Du siehst die Fliegen. Manchmal
wäscht sie die Schwester. Wie man Bänke wäscht.

Hier schwillt der Acker schon um jedes Bett.
Fleisch ebnet sich zu Land. Glut gibt sich fort.
Saft schickt sich an zu rinnen. Erde ruft.»

(Mann und Frau gehn durch die Krebsbaracke)[39]

Der Mann. Wer kann es sein? Natürlich der Arzt. Er fordert auf, die Decke aufzuheben. Das Gedicht erinnert an Gryphius, an die barocke «vanitas», die Eitelkeit. Auch Benns Gedicht ist ein «memento mori». Der Zynismus dieses Arztes öffnet allerdings keine Perspektiven über den Tod hinaus.
Aber er wirft die Frage auf, ob dieses «Krebsbaracken»-Ende, bei längst aufgelöster Personalität im schmerzstillenden Mor-

phiumrausch, christliches Gebot sein soll. Das leuchtet nicht ein.
Im Gegenteil! Dieser medizinisch qualvolle «lange Weg» deckt
die Fragwürdigkeit moderner Medizin auf, ihr oft schon kontra-
diktorisches Handeln zum Willen Gottes. Wenn ich also konsequent den «kurzen Weg» der strikten Nahrungsverweigerung
einschlage, was mich in vier bis sechs Wochen vom Kerker meiner Leiblichkeit, wie das Platon bezeichnete, befreien dürfte,
dann denke ich, dem Willen Gottes besser gerecht zu werden.
Und es wird meine unerschütterlich mutige Frau sein, die mich
auch auf diesem Wege an die letzte Pforte begleitet – in der Gewißheit eines Wiederfindens.

Ich wünschte mir Kraft und Haltung eines Heinrich von Kleist,
dessen Abschiedsbriefe, unmittelbar vor seinem Freitod am
Wannsee geschrieben, mich schon in meiner Pubertät tief er-
schütterten. Am 9. November 1811 schrieb er seiner geliebten
Schwester Ulrike vom «Triumphgesang»[40], den seine Seele in
diesem Augenblick des Todes anstimmt, und am 12. November
1911 gestand er ihr noch einmal: «. . . ich versichere Dich, ich bin
ganz selig. Morgens und Abends knie ich nieder, was ich nie ge-
konnt habe, und bete zu Gott; ich kann ihm mein Leben, das al-
lerqualvollste, das je ein Mensch geführt hat, jetzo danken, weil
er es mir durch den . . . wollüstigsten aller Tode vergütigt.»[41] –
Seine «Verwirrung der Gefühle», die ihm Goethe vorgeworfen
hatte[42], drehte sich in einem «Strudel von nie empfundener See-
ligkeit»[43].

Seltsam auch dieses Totenmaskenlächeln Robespierres, Marats,
Mirabaus, Napoleons, Lessings, Kleists. Erhart Kästner, der
frühere Sekretär Gerhart Hauptmanns, der am 6. Juni 1946
unter polnischer Besatzung in Agnetendorf gestorben war,
schrieb im «Zeltbuch von Tumilad»: «Später sah ich die Maske,
sein Totengesicht. Aber es war keine Maske; das Wort log. Es
war das maskenloseste seines maskenlosen Gesichts . . . Ich hatte
gefürchtet, in dem Abbild werde die Leidenssumme der letzten
Zeiten gezogen sein und alle Schmerzen lägen darin wie in einer
Schale, die mit Bitterem angefüllt war. Aber die Stirn war ent-

wölkt. Die Falten: wo waren sie hin? Entfaltet, wunderbar war das große Gesicht . . .»[44]
Und dieses entspannte Lächeln von Christen und Atheisten – unterschiedslos!

Die Muttergottes von Großhadern

In diesem Jahr (1988) ist tatsächlich wieder Weihnachten! – Nicht einen Pfifferling hätte ich im vorigen Jahr um diese Zeit für mich gegeben, nachdem die Chemotherapie nicht mehr wirkte. Heutiger Kommentar meines Hausarztes: «Ich auch nicht!» Und Hedwig wollte ein Weihnachten des «Dennoch» erzwingen. Gewiß, auch dieses Weihnachten werde ich nicht vergessen. Das lange (Beicht-)Gespräch mit Pfarrer Thomas G., meinem ehemaligen Kollegen und nunmehrigen Freund am runden Tisch zwischen den großen Fenstern im dämmrigen Dezemberlicht, die gemeinsame Kommunion mit Hedwig. Es war die stille Dreiergemeinschaft wie vor sechsundzwanzig Jahren morgens um 7.00 Uhr in der völlig leeren Birnau am Bodensee, als der Priester unsere Hände ineinanderlegte. Voriges Jahr an Weihnachten war ich wohl nicht mehr ganz hier. Das alles beherrschende «Fiat» hatte den Abstand gesetzt. Dies aber ist eine sehr ernste Sache, die den Menschen in der Totalität erfaßt, und gar kein Jubelanlaß.
So haben es die Maler ja auch über die Jahrhunderte ergreifend dargestellt, wenn sie die Verkündigung malten, eine Szene, die mich stets ergriffen hat, besonders in der Handschrift des Fra Angelico, der ungekünstelten Frescosprache am Aufgang zur langen Klosterzellenflucht in San Marco zu Florenz. – Heute nun betrachte ich die aufgestellte Krippe aus urtümlichen Zirbenwurzeln mit den mehr als handlangen farblosen Schnitzfiguren aus meinem geliebten Südtirol, die ich schon in den fünfziger

Jahren zu sammeln begann und die vor Karins Unfall als Generationserbstück gedacht war, mit der Anhänglichkeit eines erwachsen gewordenen Kindes, das sich an die Heimeligkeit weihnachtlicher Wochen so gerne zurückerinnert.

Warum berührte mich auch in dieser schweren Krankheit immer wieder die Madonna, die Schutzmantelmadonna? – Nein, zu jener Frömmigkeit fand ich nie Bezug, wenn man uns sagte, man trage meine Bitte um Genesung nach Innsbruck oder Altötting. Gewiß, auch ich werde mit einer gewissen Ergriffenheit ihr im nächsten Jahr in Guadalupe meinen Dank abstatten, aber es wehrt sich in mir alles, glauben zu sollen, sie erhöre uns an ganz bestimmten Orten besonders. Worauf beruht denn dieser Wallfahrtsglaube? Doch nur auf der angeblichen Madonnenbegegnung irgendeines frommen Subjektes früherer Jahrhunderte, wobei die durchweg kuriosen Umstände der geschilderten Begebenheiten eher auf Einbildungen Exaltierter schließen lassen. Es sträubt sich einfach alles in mir anzunehmen, daß die Mutter Gottes auf die Bigotten, die Frömmler, die Ängstlichen, die Rückversicherer, die Kerzenspender in Altötting angeblich besser, wirksamer und zuneigender hören solle als auf den stillen Hilfeschrei des hilflosen Tumorpatienten im Betonklotz Großhadern unter dem kalten Neonlicht. Nein und nochmals nein! Ein Gott der Liebe darf keine Bedingungen für seine Liebe kennen, also auch Maria nicht, schon gar nicht die oberflächlichsten einer Topographie. «Nicht der Ort, das Herz macht das Gebet», sagt weise selbst ein Sprichwort.

Maria ist die einzige Heiligenfigur des Neuen Testaments, die lächeln darf. Sie allein stimmt froh. Jawohl, gelacht wird in der Bibel: Vom Hohngelächter Gottes über seine Feinde wird berichtet (Ps 2). Warum aber kennt das Neue Testament nicht das befreiende Lachen der Loslösung von allen Spannungen und Bedrängnissen? Warum ist seine Welt in den menschlichen Regungen so «unerlöst»? Möchten wir nicht auch Jesus einmal lächeln sehen, wenigstens, als er Kinder in seine Arme schloß? Hätte sich ein wissendes, ein versöhnendes Lächeln nicht auf alle leidenden, alle vom Tod gezeichneten Christen übertragen müssen? Und die lächelnde Madonna? Ist sie biblisch? Oder gar nur ostdeutsch?

Die «Schöne Madonna» nahm schließlich ihren Ausgang in St. Magdalenen zu Breslau, diese gerade einen reichlichen Meter große stehende Kalksteinmadonna, die dem Kind zärtlich einen Apfel reicht: Blau (Mantel), weiß, gold (Krone). Im Norden fand sie eine Nachahmung in der «Thorner Madonna», in der «Jungen Madonna» der Stralsunder Nikolaikirche, hier holzgeschnitzt. Die böhmische Variante der «Krummauerin» (Wien) fiel schlanker aus, und im Salzburger Franziskanerkloster bog sie den Oberkörper weiter zurück, drückte sie das Knie stärker heraus. Von hier nun ging die «Schöne Madonna» in das gemalte Andachtsbild über, denn von 50 noch erhaltenen stammen 29 nachweislich aus Salzburg, wie der Kunsthistoriker Simon berichtet. – Katholizität erhielt durch das Lächeln dieser Madonnen eine eigene Wärme; denn das Lächeln Mariens ist nicht das einer Verliebten, sondern jenes Antlitz der Mütterlichkeit, das der Säugling wahrnimmt beim ersten Blickkontakt während der Nahrungsaufnahme an der mütterlichen Brust.

Die Madonna ist für mich persönlich immer noch das «Weib». Das Weib als Mutter, als Schoß! Als Schoß, der mich ausgestoßen hat und in den ich mich letztlich zurücksehne. – Wenn ich im Halbschlaf der schweren Krankheit zu Hedwig sagte, ich hätte Höhleninstinkte, wenn ich mich im Bett, reichlich angewärmt, weil das eigene Blut zunehmend an Lebenswärme verlor, wohlig zusammenrollte, um mich unter der hochgezogenen Decke dem entspannenden Genuß dieses Höhlenerlebens hinzugeben – in vielen Monaten abends die einzige Wohltat –, dann kehrte ich virtuell in den Mutterschoß zurück, in das fetale Umfeld, in den Zustand leidlosen Vorlebens. Vielleicht wird in schweren Bedrängnissituationen eine Ursehnsucht in uns wach nach dem total Umhüllenden, dem völligen Umschlossensein. Maria als mütterliches Weib ist in uns von archetypischer Mächtigkeit!

Tiefenpsychologisch ist bekannt, daß gerade bei Sterbenden das

Bedürfnis, zur Mutter zurückzukehren und – falls vorhanden – das Mutterproblem oder das der idealen inneren Frau zu lösen, sehr groß ist. (Hier liegt der Erfolg von Frau Kübler-Ross in der Sterbehilfe begründet.) – Meine artikulierten Höhleninstinkte zeigten also, wie tief ich bereits in den Prozeß des Sterbens eingebunden war. Kann man es mir verdenken, wenn ich also immer noch betete: «Du bist gebenedeit unter den *Weibern*»?

Frau ist ein gesellschaftlicher Begriff, der von «frouwe» (mhd.) kommt. Da steckt der Stamm «fro» drin, und das heißt «Herr». Zur «Herrin des Hauses» kann ich mich in dieser Weise nicht hingezogen fühlen. Sie ist nicht «genus», wie das «Weib», nicht Schoß, nicht chtonisch. Sie entbehrt dessen, was sie ganz anders sein läßt als den Mann.

Von Tschenstochau über Altötting, Lourdes, Saragoza, Guadalupe, Fatima, bis auf den gesamten mittel- und südamerikanischen Kontinent, der mit seiner gewaltigen Population die Katholizität im nächsten Jahrhundert zur Weltmehrheit machen wird, rufen Gläubige die Mutter Gottes als erwählte Instanz der Fürbitte an. Die verschwindende Minderheit protestantischer Theologen – im Vergleich zu dieser Zahlentatsache – neigt dazu, diese Frömmigkeit als nicht biblisch zu übergehen. Vielleicht haben sie gar recht. Möglicherweise entspricht sie nicht theologischer Wahrheit, haben wir doch in dieser jahrtausendealten Wahrheitssuche schon von den merkwürdigsten «Wahrheiten» erfahren. Doch schwerer wiegt diese dominant spanische und hispanische Katholizität als psychologische Wahrheit. Deshalb wies C. G. Jung, der Protestant und eigentlich Ungläubige, angesichts der Verkündigung des Dogmas von der Himmelfahrt Mariens in seiner 1952 erschienenen Schrift «Antwort auf Hiob» die Protestanten darauf hin, daß hinter dem neuen Dogma «mehr und Bedeutsameres stecke als päpstliche Willkür»[45]. Im Gegenteil! «Das Leben des kollektiven Unbewußten ist fast restlos in den dogmatischen archetypischen Vorstellungen aufgegangen und fließt als gebändigter Strom in der Symbolik des Credo und des Rituals.» «Das Dogma ersetzt das kollektive Unbewußte.»[46] Die Protestanten jedoch würden nur «eine bloße Männerreligion, die keine metaphysische Repräsentation der Frau kennt»[47], gelten lassen. C. G. Jung wagte sogar zu behaupten, diese Dogmaverkündigung sei «das wichtigste religiöse Ereignis seit der Reformation» gewesen[48]. Denn die Trinität sei tiefenpsychologisch ein Symbol unvollständiger Integration, weil ein lebenswichtiges Element, das Weibliche, durch Verdrängung in Vergessenheit geriet.

Deshalb seien alle asiatischen Ritualinstrumente (Yantras) «zum Zwecke der Kontemplation und der schließlichen Verwandlung des Bewußtseins ... in das göttliche Allbewußtsein» Quaternitäts-Symbole[49]. Zumeist bestehe, wie er schon in seinen Vorlesungen an der Yale University 1937 dargelegt hat, das Symbol des «circulus quadratus» (viereckiger Kreis) – fast immer tibetanischen Ursprungs – aus einem runden Padma (dem Sinnbild der Vollkommenheit), das ein Viereck einschließt (des Hauses; der Kardinalpunkte, also dem Erdkreis mit den vier Himmelsrichtungen; der chemischen Urelemente usw.). «In christlicher Fassung ist es auch die himmlische Stadt der Apokalypse, welche ebensosehr als Mandala gedacht ist wie der Garten Eden.»[50] Durch das neue Mariendogma nun habe die Katholische Kirche das tiefenpsychologisch unvollständige Trinitätssymbol zum vervollständigten Quaternitäts-Symbol erweitert.

Davon wußte übrigens schon das Mittelalter, wenn Jean Fouquet im Livre d'Heures des Etienne Chevalier (Chantilly) in der Mandalaform neben die gleichen drei männlichen Figuren en face die vierte, weibliche Figur der Himmelskönigin en profil setzte, eingefaßt von den vier Evangelistensymbolen.

Nach C. G. Jung hätten die alten Naturphilosophen die Trinität stets dargestellt als Wasser, Luft, Feuer; die Erde aber als Jungfrau, wie das noch Augustinus formuliert habe («Veritas de terra orta est, quia Christus de virgine natus est»[51]; «Die Wahrheit ist von der Erde her entstanden, weil Christus von der Jungfrau geboren worden ist.»). Maria, das Weib, ist «matrix», als Körper Gefäß, Erde, auch des Körpers Dunkelheit. Mit Maria komme

also das Erdhafte, vor allem das Unbewußte und indirekt gleichzeitig auch mit das «Böse» zum Tragen. Und gerade deshalb sei
sie die in besonderem Maße bevollmächtigte Fürbitterin für alle
Sünder, obwohl sie, trotz des engelhaften «non posse peccare»,
(«nicht sündigen können»), nur «beata» («selig») und nicht gött-
lich sei.

Also laßt uns beten, sie möge für uns bitten, sie, die Mutter, die
Himmelkönigin, «jetzt und in der Stunde unseres Todes».

«Mit der Lunge der letzten Posaune»

Nein, das kann man mir wirklich nicht anbieten: Ein befreunde-
ter Professor habe sich angesichts seiner Emeritierung auch dahingehend geäußert, nun erwarte er eigentlich nur noch das
Ende. Abgesehen davon, daß Hohlheit und innere Leere, die
unfähig machen, den gewonnenen Freiraum sinnvoll zu füllen,
zum Tribut einer verfehlten Lebensführung gehören, handelt es
sich bei einer solchen Äußerung um den Ausdruck eines verän-
derten Zeiterlebens ganz natürlicher Art. Das altersbedingte
Absinken der Lebenskurve täuscht eine zunehmende Fließge-
schwindigkeit der Zeit vor, die nicht aufzuhaltende Unaufhör-
lichkeit des Verrinnens. Seine Vergangenheit als breiter Strom
der Erinnerung zu erleben, die nun schon sehr eingeschränkten
Entfaltungsmöglichkeiten als Durchgangsenge zu empfinden,
scheint das bisherige Lebensgefühl beängstigend umzukehren,
besonders wenn sich schon übliche Krankheitsanzeichen des Alters bemerkbar machen. Dann drängt sich erstmals der Gedanke
an den Tod auf als möglicherweise gar angstvolles Entsetzen.
Und dennoch handelt es sich dabei nicht um den Tod, sondern
um erlebtes Leben, das zu einer neuen Lebensweise drängt: des
Sammelns, des Sichtens, des Zusammentragens, des Auswäh-
lens, des Vertiefens – um die Oktoberstimmung der ersten Ne-

bel, aber auch weitsichtiger Klarheit und des letzten glutvollen Aufflammens aller Farben verklärter Erinnerung. Der Gedanke an den Tod in dieser Situation setzt lediglich die graphischen Strukturen in die Farben des Bildes.

Wie aber steht es um einen Herzinfarktpatienten? Erlebt er nicht die gleiche Lebensbedrohung? – Ich glaube, in einem Tumorpatienten sieht es anders aus.

Herzinfarkte wiederholen sich oft in Abständen, zuweilen in langen Abständen von Jahrzehnten. Dazwischen ist ein solcher Patient therapierbar (Tabletten, Operation). Er selbst bestimmt weitgehend mit, ob die Situation wiederkehrt oder nicht; durch den Abbau der Streßsituationen beruflicher oder häuslicher Art, durch regelmäßige tägliche Bewegungsprogramme (Spazierengehen, Wandern, Schwimmen usw.). Bei ihm liegen Versäumnisse (vergeßliche Medikamenteneinnahme), Schuld (mangelnde Bewegung), Verantwortung. Für ihn gibt es in Kontrolluntersuchungen meßbare Ziele der Rekonvaleszenz, für seinen Arzt variable Möglichkeiten (neue Medikamenten-«Einstellungen» usw.). Er erlebt immer noch Eigenmachtgefühle, erst die in Jahren einsetzende Einschränkung der Bewegungsfreiheit als Einbuße. Herzpatienten leiden an der chronischen Erkrankung eines einzigen Organs. Belastet werden durch den Herzkranken Angehörige, die fortan in ständiger Angst leben.

Und der Tumorpatient? Fast alles erlebt er entgegengesetzt. Seine Angehörigen leben längst nicht mehr in Angst: Sie haben bereits mit dem Tode paktiert, sich notgedrungen eingerichtet, eingestellt auf eine unwiderrufliche Situation, auf das erwartete Ableben. Sie entfalten in teilweise täglichen Krankenhausbesuchen und in der häuslichen Betreuungspflege eine beachtliche Rührigkeit: Letztaktivitäten! Man tut alles, um nichts versäumt zu haben, und setzt dennoch auf den immer wieder herbeizitierten Ausnahmefall. Salbei-Tee wirke gut, Randensaft (Rote Bete) soll angeblich helfen, Schafskäse, Kombucha-Tee, vor allem rechtsdrehende Milchsäure, Enzyme seien dienlich, Mistel helfe, Schlangengift vielleicht auch. Vermutungen, Illusionen,

Versprechungen. Betriebsamkeit der Versuche, der Letztversuche. Einige medizinische Reparaturarbeit an den von der Therapie bereits zerstörten Schleimhäuten, an dem schlecht arbeitenden Abwehrsystem, dem erschöpften Knochenmark. Der Tumorpatient bekommt von den Onkologen keine medizinischen Hilfen (Tabletten usw.), keine Nachsorge-Therapie, keine Verhaltensmaßnahmen, auch keine Prognose oder Auskunft über statistische Wahrscheinlichkeiten, nicht einmal eine Vermutung zum weiteren Verlauf der Krankheit. So wartet er auf das Urteil des nächsten CT (wie der Arzt übrigens auch): auf das Todesurteil. Katz- und Maus-Spiel des rücksichtsvollen Schicksals. Die Krankheit des Tumorpatienten bleibt eine akute, nicht die Erkrankung eines einzelnen Systems, sondern eine Totalerkrankung des Organismus, eine unabänderlich tödliche. Ohnmacht kennzeichnet seine Tage, eine gewisse Unruhe jeweils zwei Wochen vor dem nächsten CT. Schuld, Verantwortung, Versäumnis? Davon ist er befremdend frei, selbst von der Todesangst. Nur das Sterben fürchtet er, dieses elende Dahinsiechen, diesen langwierigen schmerzhaften Verfallsprozeß. Was die Furcht des Herzkranken ausmacht, wäre ihm willkommen: der plötzliche, der schnelle, der gnädige, der glückliche Tod. Was kann er wirklich zu seiner Krankheit tun? Sie gewaltsam beenden, aussteigen aus der Zytostatika-Hölle.

Das wird man in unserer Regenbogenpresse und in den Glattredegazetten des rosigen Lebensoptimismus ganz anders lesen. Haben sie etwa nicht den Krebs besiegt, die von ihnen betriebsam vermarkteten «Helden»? Charles Bronsons Frau Jill Ireland, die Tochter unseres Rate-Lemke, Frau Feddersen, usw. usw. Soziologisch ballen sich die «Sieger» wohl in der Liga abgeschnittener Brüste und unter Schauspielern. Beide Gruppen scheinen die Ansehensdeformierung am schwersten zu ertragen. So kompensieren sie: Sie stilisieren sich zu Willenssiegern in Fernsehsendungen «positiven Denkens» («Es geht weiter»), auf Pressekonferenzen, mit Illustrierteninterviews und in schnell verfaßten Büchern, die als Bestseller rangieren, weil sie dem

Idol-Verlangen des Lesepublikums entsprechen. Seht her! Sind nicht sogar Frauen dieser Heldenpose in der Überzahl? Natürlich, Männer erkranken nicht an Brustkrebs. Abgesehen davon, daß hier manche Ärzte rigoros schneiden statt auszuschälen, wenn es sich – strenggenommen – durchaus noch um ein Stadium der Vorsorge handelt, ist die Mamma-Geschwulst eine der ganz wenigen von 70 oder 150 Krebsarten, die tatsächlich besiegbar ist, aber medizinisch heilbar und nicht durch den Willensimpuls!

Niemand wird natürlich bestreiten wollen, daß Überlebenswille förderlich sein kann. Wann jedoch? – Gerade die Moribundus-Patienten entwickeln ihn oft in einer letzten Lebensgier, die den Docht der noch verbliebenen Restenergie schneller aufflackernd leerbrennt. Ich habe gesehen, wie sie sich, zu jeder anderen Nahrungsaufnahme längst unfähig, täglich von ihrem Besuch Eis bringen ließen, nicht mehr therapierbare Patienten täglich Zukkerle verlangten, die sie unsinnigerweise als letzten Liebesdienst von Angehörigen auch bekamen, obwohl sie regelmäßig bitter büßten, weil es ihnen wenig später stundenlang schier den Magen herausdrückte. Patienten der Letztstufe, die kaum noch für Minuten stehen konnten, banden Personal vollkommen, wenn sie ein unstillbares Duschverlangen entwickelten, mitunter auch aggressiv die Ärzte angingen, weil sie mehr und intensiver therapiert werden wollten. Warum überlebten gerade sie nicht? Je näher es dem Ende zugeht, um so mehr steigern sich alle Kräfte der geschundenen Kreatur, schwillt der Lebenswille «mit der Lunge der letzten Posaune», wenn ich mich mit Kleist («Der Findling») ausdrücken soll.

Müßte nicht auch die Überlebensrate der Tumorpatienten allein deshalb viel höher liegen, weil die überwiegende Mehrzahl der Patienten von ihren Ärzten und Angehörigen bis wenige Tage vor dem Ende belogen wird, also ihre Krankheit für heilbar hält? Gerade deren Lebenwille bleibt weitgehend ungebrochen – und sie sterben doch!

Die Legende vom alles entscheidenden Lebenswillen dürfte von jenen Tumorpatienten verbreitet werden, denen er fast gar nicht gebrochen wird, in der Hauptsache also von allen Operierten, die sich in der Regel schon nach wenigen Wochen bestens erholen und nicht ahnen wollen, was von da an erst der verteilende Blutkreislauf mit den durch Schnitt ins Blut gelangten Resten an Tumorzellen anrichtet. Dazu gehören wohl auch viele Patienten der Strahlentherapie. Während der täglichen Bestrahlungen habe ich bei schönem Februarwetter im Garten Äste geschnitten, so «erholsam» erschien sie mir im Gegensatz zur Chemotherapie. Die nämlich bindet wehrlos an den Marterpfahl, lähmt jede Aktivität, läßt höchstens das zu, was das Rangabzeichen des Mannes unter Indianern ausmachte: die stolze Hinnahme jeder Art Todesfolter.

Brief an meinen Leistungskurs Geschichte
(Die eckigen Klammern sind erst später erklärend hinzugefügt worden)

Meine lieben Kollegiatinnen,

Euch zu schreiben ist ganz schwer; denn ich möchte Euch eigentlich so unbändig viel erzählen, daß ich Bände schreiben müßte. Aber wenigstens in Andeutungen will ich einige Gedanken zu Papier bringen.

Zunächst einmal möchte ich Euch am liebsten umarmen. – Ich bin ein Mensch gewesen, der in seinem Leben nie ein Frauenliebling war. Dazu störte von Jugend an viel zu sehr mein Intellekt, mein Hang zur Ironie, die auch sehr verletzend und beleidigend sein kann, und dennoch danke ich Frauen fast alle zwischenmenschlich positiven Seiten meines Lebens: dem unermüdlichen Opfersinn meiner verwitweten Mutter mein Studium; das Aufleben in der väterlichen Sorge, Verantwortung und päd-

agogischen Hingabe unserer verunglückten Karin; das seelische
Überleben nach ihrem Tode den endlosen Gesprächen mit meiner Frau, die allein meiner unendlichen Trauer, meinem zorni-
gen Aufbegehren, meinen bohrenden Zweifelsfragen standhielt.
Und ich danke viel meinen treuen Schülerinnen, die mir oft erst
nach Jahren dankbar bekunden, wie ich sie geprägt habe. – Ihr
nun habt das in ganz besonderer Weise gezeigt. Euer Herzkis-
sen, Euer lieber Brief mit Brigittes bildlicher Geburtsanzeige
[von Julia, die während der Leistungskurszeit geboren wurde],
Eure Blumensträuße zeigten Anhänglichkeit, aber auch das hilflose Begehren, mir in irgendeiner Weise doch beizustehen in
meiner verzweifelten Lage. Ich habe oft gestaunt, wie in dieser
Notsituation die rauhe Schale der zurückhaltenden Allgäuerin-
nen zerbrach. Und dann kam Euer Kalender, um den Ihr Euch
lange gemüht haben müßt [mit einzelnen Porträtaufnahmen],
um etwas ganz Persönliches zu schenken. Persönlicher konnte
dieses Geschenk gar nicht sein; denn jedes für meine Situation
ausgesuchte Gedicht ist auch ein Psychogramm Eurer Person.
Dieses Geschenk hat mich völlig aufgelöst und das bewirkt, was
man gewöhnlich wohl Glücksgefühl nennt. – Sollte ich Abschied
nehmen müssen für immer, dann werden mich diese Bezeugun-
gen der Zuneigung so geprägt haben, daß ich sie mitnehme über
den Tod hinaus, und sollte ich noch einige Jahre überleben, dann
wird mir dieser Kalender eine der liebsten Erinnerungen sein an
mein Wirken als Pädagoge.
Seht Ihr, allein solche Bezüge machen reich, machen die Welt
lebenswert, machen sie menschlich. – In der Jugend mißachtet
man oft diese Seite des Lebens (in der Auseinandersetzung mit
den Eltern und den Lehrern, in der Arroganz gegenüber Kollegen und Nachbarn usw.), man strebt Idealen der Weltverbesse-
rung nach, will Dogmen in der letzten Reinheit gelebt wissen,
vermeint allzuoft, es gehe kompromißlos um das Prinzip: man
verabsolutiert allzuleicht Abstrakta. Heute weiß ich, daß diese
Haltungen die breite Blutspur durch die Geschichte gezogen
haben und daß die Religionen in ihrer Intoleranz einen gehöri-

gen Anteil daran hatten. Ich habe mich Luther und Goethe genähert, die voller Verachtung auf die politische Geschichte blickten. Und in der Tat, sie ist blutig, zeigt nur den fortlaufend mörderischen Machtwechsel und das Bild, wie es die jeweiligen Sieger schrieben. Nichts macht die Gebrochenheit dieser Welt, ihre Erlösungsbedürftigkeit so deutlich wie diese sich niemals ändernden Auseinandersetzungen der Staatengeschichte. – Viel fruchtbarer ist da die Beschäftigung mit der Kulturgeschichte der Bauten, Bilder, Städte, der Gedankenkathedralen systematisierender Philosophen, der Unendlichkeitsräume unserer Komponisten, der Literatur, die ihre Gültigkeit noch zweitausend Jahre später erweist. Allein diese Leistungen beschenken und versöhnen die Menschen über nationale, konfessionelle, rassische und geographische Grenzen hinweg. In der Pflege dieses kulturellen Erbes liegt – im Gegensatz zur Staatengeschichte – das verbindende, das befriedende Element.

In meiner Lage, der letzten Grenzsituation, beschränkte sich die Sehnsucht in langen Krankenhausnächten auf das Bedürfnis, noch einige Jahre zu haben des Abschiednehmens: von wenigen Menschen, von markanten Orten, von liebgewordenen Kulturlandschaften, die das Leben heiter und reich gemacht haben. Diese Sehnsucht ist sehr stark geworden, obwohl die objektiven Gegebenheiten nicht gerade einen Anlaß dazu bieten.

Man hat nach sieben mörderischen Zyklen die Zytostatika-Therapie abgebrochen, weil selbst die schwersten und risikoreichsten Medikamente, die mich ihrerseits in Grenzbereiche akuter Lebensgefahr gebracht haben, keine Remission der Muttergeschwulst mehr bewirkten. Ab Mitte Januar beginnt eine Strahlentherapie, zu der mich meine unermüdlich sorgende Frau täglich nach München fahren wird – zunächst fünfundzwanzigmal –; denn nur dort hat man einen Linearbeschleuniger (für Feinstdosierung) und einen Therapiesimulator (für Feinstabgrenzungen). Darin liegt wohl meine letzte Chance. – Ich kann nun aber auch begleitend wieder alternative Medizin einsetzen, indem ich mich täglich mit Iscador (Mistel) spritze, um die Metastasenbildung zu verhindern. Ich kann nun wieder kämpfen, selbst etwas tun (Krebsdiät, isometrische Übungen, kleine Fußmärsche), was meinem Temperament mehr entspricht, weshalb ich mich augenblicklich auch subjektiv besser fühle.

Gewiß, es gab Situationen im vergangenen Jahr, in denen ich mich einfach in Gottes Hand fallen lassen, mich dem «Fiat» hingeben wollte, denn der Tod kann auch Erlösung, kann auch Befreiung sein. Mit dem zurückgekehrten Lebensmut ist die Situation aber nicht leichter geworden; denn es bedeutet, das Prinzip des «Dennoch» nicht aufzugeben, selbst gegen alle Skepsis rationaler Überlegung, die desillusionierend besonders befällt beim morgendlichen Aufwachen. Dieser Spannungsbogen macht die kraftzehrende Ambivalenz der Gefühle aus.

Es ist eben nicht meine Art, so zu enden, wie ich das deprimierend auf der Krebsstation erlebt habe, wo man sich bis zuletzt illusionär belog, auch belügen ließ, jeder bewußten Auseinandersetzung mit dem Tode auswich, den Tod verdrängte, wie überall in der Gesellschaft, obwohl – weitgehend unbemerkt – bis zu fünf Patienten in der Woche starben.

Eigentlich erlebe ich in meiner Ausnahmesituation nur sehr bewußt das, was jedem Menschen gegeben ist: hineingestellt zu sein zwischen Himmel und Erde, Diesseits und Jenseits, Welt und Überwelt. Einerseits schickt sich die Seele an, Abschied zu nehmen, wenn der Blick über die Stadt, den Garten, die Bücher streift, wenn die Frage aufsteigt, ob etwas ein letztes Mal erlebt wird (Begegnungen, Weihnachten, Jahreswechsel), andererseits ist der Lebenswille ungebrochen, auch in der (ehelichen oder pädagogischen) Verantwortung für diese Welt. – So ist dieser Brief beinahe eine Schulstunde geworden.

Wenn ich weitere Fortschritte mache, will ich Euch alle um Ostern herum einladen zu einem Wiedersehen.

Ganz herzlich und sehr dankbar   Euer
                                         Werner Trautmann

Brief an den Konvent der Franziskanerinnen

Verehrte, liebe Schwester Petra,

ich habe mich wirklich sehr gefreut über Ihren Brief, den Sie Ihrem Arbeitseinsatz gewiß recht mühsam abringen mußten. Heute möchte ich Ihnen dafür herzlich danken, auch für die mitfühlende und sorgende Anteilnahme an meinem schweren Geschick. Ihnen und allen ehrwürdigen Mitschwestern des Konvents auch ein aufrichtiges «Vergelt's Gott» für die hilfreiche Gebetsbegleitung, von der ich von anderer Seite auch schon gehört hatte.
Ehe ich Ihnen etwas über meine seelische Entwicklung und meinen inneren Zustand schreibe, sollte ich vielleicht einen kleinen medizinischen Bericht einfügen.
[...]
Die dann Mitte März zu machende Computer-Tomographie wird ergeben, ob die Muttergeschwulst zerstört ist oder ob mir nur noch wenige Monate bleiben. [...]
Natürlich hat mich die gelebte Todesnähe geformt. Auf der Krebsstation in Großhadern starben wöchentlich bis zu fünf Patienten. Mit ihnen lag man bis wenige Stunden vor dem Ableben in einem Zimmer. Ich war bestürzt, wie man sich bis zuletzt illusionär belog, sich belügen ließ, auch wohl belogen sein wollte. Man verdrängte den Tod, wie allgemein in der heutigen Gesellschaft, jedes «memento mori» war tabu. Niemals ist ein Geistlicher gerufen worden, obwohl sich zwei festangestellte im Haus befanden. Man tätigte, gewissermaßen in letzter Stunde, vom Krankenbett aus Heiraten, Wohnungsumzüge, Autoverkäufe usw. Die Menschen gingen ihrem Ende entgegen würdelos. So fand ich mich nicht nur räumlich – wie in den ersten Tagen und Nächten nach der Einlieferung und während der acht Tage Konterquarantäne – völlig allein mit meinen Gedanken.
Als man mich im Juli nach München fuhr, war mit meiner Frau

alles geregelt bis in den kleinsten Vorgang nach meinem Ableben. Ich fühlte keinerlei Angst, weil ich längst abgeschlossen
hatte. Es fiel mir im Gegenteil ganz leicht, mich in Gottes Hand
fallen zu lassen; denn am Ende bleibt wirklich allein das gelebte
«Fiat». Mir ist die Krankheit niemals als Feind erschienen. Aber
gerade deshalb war es mir unmöglich, um den Erhalt meines Lebens zu beten. Mein Gottesbild ist stark von Wilhelm von Ock-
ham (Duns Scotus) geprägt, der Gott als absolut freien Willen
charakterisierte, weshalb er zum «deus absconditus», zum Un-
begreiflichen wird. Und die Beschäftigung der letzten zwei Jahr-
zehnte mit den kosmologischen Entdeckungen unserer Zeit hat
dem in dieser Weise überhöhten Gottesbild sicherlich vorgear-
beitet. Jedes Bitten um mein Leben wäre mir wie ein ungehöri-
ges Feilschen vorgekommen, wie es Hugo von Hofmannsthal im
«Jedermann» und seinem Einakter «Der Tor und der Tod» ver-
deutlichte (auch Johannes von Saaz im «Ackermann aus Böh-
men»). Das machte mir die Krankheitsmonate psychologisch
leicht. Ich wunderte mich, wie unbekümmert ich das Haus, den
schönen Garten, meine geliebten Bücher, unfertige Manu-
skripte, ja die ganze Welt hätte verlassen können. Es gab zu meinem Erstaunen keine bohrenden Fragen mehr nach dem
Warum, kein ungestilltes Erklärungsverlangen, wie es mein Leben bisher bestimmte und prägte. Ich habe gelernt, das, was dem
Menschen unerklärbar, was ihm Geheimnis bleibt, so stehenzu-
lassen, wie es ist. – In der ägyptischen Mythologie findet sich ein
Bild vom Tode, das mir recht nahe gerückt ist: Osiris verkörpert
das Mysterium des toten Gottes. Vor ihm stand der Verstorbene, und er pries den «toten» Gott, pries ihn mit dem eigenen
stillgestandenen Herzen.

Allein meine so überaus treu sorgende Frau, ohne die ich gewiß nicht bis jetzt überlebt hätte, macht mir ungewollt das Leben schwer. Alle Sorgen auf den Herrn zu werfen und alles zu
erwarten von den Tröstungen der Erlösungshoffnung, gelang
mir einfach nicht; denn es liegt im Charakter der Liebe, daß
sie verewigen möchte, also etwas begehrt, das nicht zu ver-

wirklichen ist, selbst wenn erst der Tod Liebende scheidet. Davon erzählt ja schon das Nibelungenlied in den ersten Zeilen. Allein von meiner Frau Abschied nehmen zu sollen, zerreißt mir also das Herz. Natürlich mischt sich darein auch die Sorge, was aus ihr nach meinem vorzeitigen Tode würde (gesellschaftliche Deklassierung, Aufnahme von Fremden ins Haus, gesundheitliche Einbrüche, Vereinsamung – nach Karins Tod). Augustinisch die «civitas terrena» zu verachten und geradlinig der «civitas divina» zuzustreben, um der Selbstheiligung willen, mutet mir arg egoistisch an. Nach Thomas – und ich bin immer Thomist gewesen – ist jedes soziale Aggregat (Ehe, Familie, Staat, Kirche) ein Teil der Heilsordnung. Ich würde sie verletzen, wollte ich von meiner Ehe in der «Imitatio Christi» einfach abstrahieren. Um meiner Frau willen muß ich überleben wollen . . .

[. . .]

Ist Karins Ende als «mors improvida» mitten aus dem Überschäumen jugendlichen Übermuts heraus leichter gewesen? Ich weiß nur, die von mir geforderte «ars moriendi» ist schwer.

Beglückend habe ich die Zuwendungen von gewiß vierzig Kollegiatinnen aller Jahrgänge erfahren dürfen, die mir noch einmal gestehen wollten, wie ich sie geprägt habe, und allein darauf scheint es angekommen zu sein, was wir im Umgang mit unseren Mitmenschen an Spuren hinterlassen und was wir empfangen haben.

Bitte grüßen Sie alle ehrwürdigen Schwestern des Konvents von mir, vor allem natürlich jene, die mir besonders nahe standen (Schwester Adelheid und alle Lehramtskolleginnen). Ich bleibe Ihnen dankbar verbunden und grüße Sie ganz herzlich – auch im Namen meiner Frau.

Ihr
Werner Trautmann

Von der christlichen Lieblosigkeit

Es gibt das unübersehbare Heer der Leidenden, über das viele weit hinwegsehen, um die Not in den verdämmernden Horizonten der Dritten Welt zu suchen. Aber sie sind mitten unter uns, die Leidenden. Gewiß, für die Querschnittsgelähmten errichtete man Rehabilitationszentren, für die Mongoloiden Behindertenwerkstätten, den Tumor- und Aidspatienten baute man Spezialkliniken und den Alleinstehenden Altenheime. Die physischen Gebrechen geht man also einigermaßen tatkräftig an, nicht so die Leiden der Menschen.

Leiden der Menschen sind gewöhnlich verbunden mit dem, was Alter und Todeserwartung bedeuten, sie sind verknüpft mit schicksalhaften Einbrüchen und Untergängen, physischer, sozialer und psychischer Art. Die ins Leid Gestoßenen stolpern über die fein gesponnenen Fäden der Moiren, um sie wickelt sich heillos das unheimliche Warum. Zudem folgt dem Leid das seelische Wandlungserlebnis als Ergebnis einer existentiellen Infragestellung. Leid bedeutet zunächst Introversion, psychischer Höllenabstieg, Hadesfahrt, Götterdämmerung: Umwertung aller Werte.

«Darum sterben von Zeit zu Zeit die Götter», sagt C. G. Jung.[52] Für die Umwelt bedeutet dies Verunsicherung, vermeintliche Gefährdung. Der im Leid Stehende erlebt sich daher isoliert und ausgegrenzt vom Kreise derer, die sich abwenden und abweisend den Cordon geduckter Rücken bilden. Ihr Schweigen der Unsicherheit, der Hilflosigkeit, der Angst stößt ihn aus. Deshalb erfahren Kranke mehr Verständnis und Hilfe von Kranken als von Gesunden, der Leidende das Mitleid von ebenso Leidenden, nicht aber von den in der Freude Stehenden. Denn nicht der Tatkräftigste ist der wirklich Helfende, wie im Schmerz, der lauthals aufschreien macht, sondern der passiv Hörende! – Zumeist benutzen aber die Menschen das Leid des anderen Menschen zu einem Auftritt ihrer eigenen Person, wie der Theologe und Psychotherapeut Drewermann in einer Fernsehdiskussion einmal sagte. – Sie lassen vermissen den sich auf den psychologischen Göttersturz Einstellenden, den Wissenden um diesen üblichen psychologischen Wandlungscharakter; denn der Mensch ist ein im Reifeprozeß sich stetig Wandelnder – hoffentlich bis zum Lebensende! Nur die Fähigkeit, solche Wandlungsprozesse zu überstehen, sich also anzupassen, ist Leben, läßt überhaupt überleben! Mit dem Wandlungscharakter menschlicher Entwicklung wandelt sich für den Menschen die ganze Welt. Doch Leid setzt sich nur dann in eine Wandlung des Reifens um, wenn die Leidenssituation vorbehaltlos angenommen wird. «Was nicht zu meiden, soll man leiden», reimt der Volksmund. Wer gegen sein Leid ankämpft, verneint dessen Wandlungssinn. Statt Wandlung erfolgt Verdrängung, die leicht in die Katastrophe der Selbstaufgabe führt. – Leiden ist im Gegensatz zum Schmerz etwas Untergründig-Stilles, etwas sehr Personbezogenes, fast Geheimes. Will man dem Leidenden helfen, sein Leid zu überwinden, so muß man ihm Gelegenheit geben, das Leid aus der Verdrängung herauszuholen, bekanntzumachen, vor sich selber und dann vor den anderen. «Man lindert oft sein Leid, indem man es erzählt», sagte schon Pierre Corneille. Das aber zieht die existentielle Selbstgefährdung des Helfenden nach sich, der die psychologische Hadesfahrt des Leidenden, den Göttersturz von dessen Psyche virtuell mitvollziehen muß.

Statt dessen setzt die christliche Gesellschaft den Leidenden unter einen ungemein belastenden Erwartungsdruck, er möge auf das Leid dogmatisch schulbuchgemäß antworten, heiligenkonform, schablonengerecht fromm, biblisch dingenormt in «rechter» Gläubigkeit (wie man sie selbst gerade versteht). Genau dies aber wäre der Tod: Erstickungstod der Verdrängung aller existentiell aufbrechenden Fragen. Rückkehr in die Oberflächenschicht der «Persona» (Scheinpersönlichkeit). Erstickungstod übrigens auch jeder Religion; denn lebendiger Glaube stirbt in der Garrotte pharisäisch gehandhabter Dogmen.

Als ich auf den fremdverschuldeten Unfalltod unserer einzigen Tochter mein Buch über die wissenschaftlichen Hypothesen zur Re-Inkarnation schrieb[53], weil ich in jener Sicht einer Leiderklärung, eines Ausgleichs von Leid im Sinne der Lebensgerechtigkeit unter Menschen, eine rationale Sinnerklärung für das mir unfaßbare Geschehen fand, und als ich versuchte, diese Erkenntnisse mit meinem christlichen Glauben in Einklang zu bringen mit Hilfe der frühscholastischen Fegfeuertheologie, da bereitete meine Leidbewältigung Unbehagen, ja Unverständnis. Ohne mein Buch gelesen zu haben, unterstellte man mir – allerdings allein von protestantischer Seite – biblische Abweichungen. Pfarrer K. bat mich vor ein Tribunal evangelischer Pastoren und Vorbeter evangelischer Freikirchen. Niemand fragte mich nach meinem Leid, niemand wollte wissen, warum ich in die Ausweglosigkeit des Fragens geraten bin, ähnlich vielen Menschen, die ein unbegreifliches Leid erdrückt, welche verzweifelten Kämpfe schlafloser Nächte vorangegangen waren im Ringen darum, nicht den Glauben zu verlieren an diesen Gott, den unergründlichen. Niemand bemühte sich zu helfen. Es triumphierte der ängstliche Egoismus, das entblößende Begehren, den Unruhestifter auszugrenzen und die schützenden Mauern der Dogmen turmhoch um sich selbst zu gürten.

Wir allein haben den rechten Glauben, demonstrierten sie. Nur wir halten das Haus unserer Konfession rein. Wir sind erleuchtet, begnadet, blitzte es aus den Augen der Sektierer. Allein die Schrift gilt! Die Heilige Schrift – wie wir sie auslegen!

Kennen jene überhaupt die Schrift? Die Verwerfung der Pharisäer durch Jesus Christus scheint ihnen lediglich ein historisches Ereignis zu sein, Pharisäertum nicht die gefährdende Todsünde aller Kleriker schlechthin[54]. Immerhin, sie standen auf den Zinnen, im Gegensatz zu jenen liebetriefenden Katholiken, die sich feige duckten in die Mauerwinkel der Sicherheit, totschwiegen, wo allein reden helfen konnte, und ihre Nase heimlich rümpften über das unverständliche Verständnis ihrer eigenen Geistlichen für mich.

Allein mein Landsmann, Arbeitskollege und Freund, der Dia-kon L. mit seiner Frau, durchbrachen den «Cordon sanitaire» der Frommen, gingen mit offenen Armen dem Unbehausten auf nacktem Feld entgegen. Wöchentlich einmal stieg der Diakon mit hinab in das psychologische Chaos des Trauernden, ging ge-duldig ein auf bohrende Warum-Fragen, entschlug sich aller flot-ten Bibelspruchrezepte, gestand die eigene Hilflosigkeit ein. Er lebte das Ethos der letzten Unbedingtheit, den selbstgefährden-den Einsatz des «ganz oder gar nicht». Und dies geschah in lie-bender Sorge so lange, bis die Gefahr vorüber war, daß ich mich ungeschützt auf dem Feld der Finsternis verlor.

Wenig später reihte sich seinerseits an zwei Herzinfarkte eine doppelte Oberschenkelamputation. Nun schnitt *ihn* das Skalpell seines Verstandes, und er blutete unter der Frage, warum es überhaupt noch so viel Leid in der Welt gäbe, nachdem die Erlö-sungstat Jesu Christi von der Erbschuld bereits vollzogen sei. Mit dieser offenen Frage ging er in den Tod.

Da war aber auch meine Frau, die damals, wie in der jetzigen Krankenphase, bedenkenlos die psychologische Hadesfahrt meines Wandlungsprozesses mitvollzog, ohne korrigierende Be-lehrung, weit entfernt von allen theologischen Warnungen, nie-mals den Vorgang mit Hindernissen hemmend, obwohl sie nie ahnen konnte, wo die Bewegung enden würde, allein fühlend, daß nur die bedingungslose Hingabe ohne Erwartungsdruck hel-fen konnte.

In Dostojewskis Roman «Schuld und Sühne» begegnet uns Sonja, eine Dirne, die mit dem Mörder Raskolnikow die Ge-schichte von der Auferweckung des Lazarus liest und ihn da-durch zum Schuldbekenntnis bringt, also zum psychologischen Göttersturz seiner Person. – Sonja fasziniert in ihrem grenzenlo-sen Erbarmen, wie sie Raskolnikows Leid teilt, ihm in die Ver-bannung nach Sibirien folgt. Auch Hedwig zeigte sich bereit, wie Raskolnikos Sonja, mit mir in das Sibirien gesellschaftlicher Ver-bannung notfalls zu gehen, in das Sibirien der Vereinsamung, aus der nur rückhaltlose Liebe helfen kann.

Solches Tun sprach Martin Heidegger im Begriff der Entschlossenheit an, einer letzten Aufgipfelung der Existenz, die sich aus der Vielfalt von Lebenszerstreuungen herausreißt und das ganze Wesen auf ein einziges Ziel wirft. Da wurde weder von Hedwig noch von Barbara L., der Frau des Diakons, gefragt nach dem, was als bürgerliche Frömmigkeit üblich sei zu denken; denn «was zählt, ist allein der unbedingte Einsatz» (Sartre).

Christentum zerfleischt sich heute nicht mehr an spaltenden Häresien, erkrankt nicht mehr in der Zugluft des Liberalismus, erstickt nicht mehr unter der Verfolgung des Kommunismus; es verwelkt kläglich an der Feigheit dogmatischer Selbstabsicherung. – Wie viele Tumorpatienten des Geistes und der Physis ließen sich dagegen vom Tode retten, wenn sie eine Bezugsperson mit der Aufopferungsbereitschaft einer dostojewskischen Sonja fänden!

Das fromme Zeugnis der Tat

Um 7.00 Uhr der Anruf: Frau K. ist anscheinend gestorben. Dies ist für Hedwig die dritte nahestehende Person in diesem Jahr. Sie ist betreut worden von der «Nachbarschaftshilfe Kaufbeuren e.V.» rund um die Uhr: verkotete Betten wechseln, waschen, Erbrochenes wegwischen, aufsetzen, hinlegen, Ängste zerstreuen. Ein Krebs braucht mit 88 Jahren lange zum zerstörenden Wachstum. Über 15 Jahre hat Hedwig die Frau K. persönlich betreut, 15 Jahre der fortlaufenden Ansätze, auf den Tod zuzugehen, ihn schließlich als die befreiende Auflösung zu wünschen. Nun der allerletzte Liebesdienst: das Hochbinden des herabgefallenen Kinns, ein letztes Hochbetten. Darangehängt die üblichen Wegräumtätigkeiten: Freigabe durch den Arzt, beginnende Arbeit des Bestattungsinstituts, Aussegnung, Grabgang. Verteilen der letzten Habe an Hausbekannte (Fernseher,

Pelzmantel usw.), Abdecken der Verbindlichkeiten, gerichtliche Rechnungslegung bei Pflegschaft: Routine. Schließlich die Wohnungsauflösung: Mit den abgehängten Bildern von der Wand erlöschen die Erinnerungen der Verstorbenen, breitet sich der große Schatten über ein Stück Menschheitsvergangenheit: das Kinderlachen auf fernen Heimatwiesen, ein weitläufiges Geflecht menschlicher Wechselbeziehungen, auf markante Geschichtsabläufe, gespiegelt in winzigen Scherben einer menschlichen Seele. Was bleibt? Eine um das Sterbebett gewachsene Gemeinschaft von vier/fünf Frauen, die den Isolierungsbann der in Einsamkeit Alternden und den eigener Subjektivität durchbrachen.

«Ohne Arbeit gelangt man nicht zur Ruhe, und ohne Kampf nicht zum Sieg», heißt es in der «Nachfolge Christi» des Thomas von Kempen.

Über 110 Frauen hat Hedwig im freiwilligen Einsatz, an die 35 000 Stunden leisten sie jährlich im Dienst des Bayerischen Roten Kreuzes, vielfach Frauen, die selbst in die Einsamkeit gerieten: durch tragischen Verlust des Kindes, wie Hedwig; weil sie der Mann verstoßen oder verlassen hat; Frauen mit Lebensumbrüchen, die selbst schwere Krankheiten durchlitten, die ein uneheliches Kind allein erziehen; viele ältere Frauen, aber auch ganz junge; eine Reihe Akademikergattinnen der Lehrer, Richter- und Offiziersfrauen; manche ehemalige Krankenschwestern, fast niemals Frauen der Gewerbetreibenden, Freiberuflichen, Handwerker, Fabrikanten. Es sind Frauen, die nicht selten den besserwisserischen Belehrungen ihrer Kirche entflohen, die den «barmherzigen» Gott als grausam in ihrem Dasein erlebten, nur vereinzelt religiös, dafür tätig fromm. Sie wissen aus Erfahrung um die Nichtigkeit materieller Werte, ihnen entlarvte sich «Selbstverwirklichungsstreben» als Phrase des gemeinschaftszerstörenden Egoismus: Frauen, die sich – oft ohne es zu wissen – dienend unterwerfen, um zurückzugewinnen. Sie tragen das Mal der Gezeichneten an der Stirn; das macht sie fähig, selbst Zeichen zu setzen; denn «ein Mensch, dessen Herz nicht gewandelt ist, wird das Herz keines anderen Menschen verändern» (C. G. Jung)[55].

Wenn Hedwig zuweilen aus dem Pflegeheim in Schongau kam, wo sie seit fünf Jahren die Pflegschaft der nun auch verstorbenen sechsundneunzigjährigen Frau Schn. wahrnahm, fand sie gewöhnlich nicht mehr die Kraft, sonntags in die Abendmesse zu gehen, und man sollte betonen, daß solches Tun biblisch gedeckt ist, heißt es doch im Jakobusbrief: «Ein reiner und unbefleckter Gottesdienst vor Gott dem Vater ist der: die Waisen und Witwen in ihrer Trübsal besuchen...» Nach Schongau mußte sie gewöhnlich Bärbel, ihre Freundin, mitnehmen, um, gemildert durch deren Person, zu der völlig Erblindeten zu sprechen, weil diese stets einen solchen Besuch zum Anlaß nahm, alle Wut über ihr pflegerisches Eingesperrtsein an Hedwig auszulassen, über die angeblich lieblosen Schwestern und all die vermeintlich bösen Menschen, die sie in ihrem Leben betrogen hätten und nun grinsend durch ihr Gedächtnis defilierten. Hedwig, die eine Tobende nicht wie das Pflegepersonal medikamentös ruhigstellen konnte, ließ den abstoßenden Geifer der triebhaften Vorwürfe zwar an sich ablaufen, aber nach so einem Lärmausbruch ungerechtfertigter Undankbarkeit ließ sich die belehrende Betulichkeit predigender Kapläne einfach nicht mehr ertragen, das asthmatisch georgelte Hineingestoßensein in hektische Betriebsamkeit einer landessprachlichen Singmesse, das sterile, gemachte, gekünstelte Friedensgetätschele zum Nachbarn links, zum Nachbarn rechts, und, weil so süß unterhaltsam, zwei Bankreihen vor und zwei Bankreihen zurück, nachdem man die in sich kehrende Meditationsaura des Latein endgültig aus den Kirchen herausgeplärrt hat.

Oft ist Hedwig gefragt worden, wie sie solche Arbeit neben meiner Krankenbetreuung verrichten konnte, wo ihr die Kräfte dafür herwuchsen. Sicherlich stand sie in einer gewissen Übung, nachdem sie auch ihre krebskranke Mutter jahrelang pflegerisch in den Tod begleiten mußte, auch mein Zuspruch, berechnet auf die Zeit nach meinem Tod als Lebenssinn, mag überzeugend gewesen sein, und ermutigend ihre Auszeichnung mit der silbernen Verdienstmedaille des Bayerischen Roten Kreuzes während meiner Krankheit. Und dennoch bleibt ein ungeklärter Rest, weshalb sie nicht von den Gebresten auch meiner Krankheit abgestoßen wurde: dem Anblick dieser prallen Ballonbäuche, den hohlwangigen Glatzköpfen mit dem leeren Blick, auch der jugendlichen Mädchen in der Radiologie, die sich wie nacktes Gewürm vorkommen mußten, wenn sie sich durch die unterirdischen Betonröhren der Gänge in Großhadern zu irgendwelchen Spezialuntersuchungen schoben.

Nun, Hedwigs frommer Realismus hielt sich wohl an das Matthäus-Wort (25,40): «Was ihr getan habt einem unter diesen meinen geringsten Brüdern, das habt ihr mir getan», wie es Erziehung eingeprägt hat. Sie begnügte sich eben nicht damit, Bibelsprüche zu einem hohen Berg aufzuschütten, darauf sitzend diesen oder jenen herauszustochern zur tiefsinnigen Betrachtung, um ihn dann ohnehin zum letztlich unerfaßbaren Geheimnis zu erklären, während rings um solchen Berg der Bibelweisheit die ringenden Hände der Not hilflos zum Himmel greifen. Solche «Verkündigung", solche versuchte Heranführung an das Wort durch allmögliche Bibelkreise schiebt ja von der Tatforderung an die eigene Person hinweg auf die himmlische Hilfe, frei nach dem Schlagertext, der «Papa» würde es schon richten.

Man könnte meinen, Hedwig dünke neben der belehrenden Theorie des Glaubens wichtiger zu sein die gelebte Erfahrung des Glaubens. Sie will lieber mit der Arbeit und Hilfsbereitschaft den sozialen Sinn christlicher Lebensgemeinschaft stärken, vielleicht im Sinne des Diakons Geert Grootes und des Augustinerchorherren Thomas von Kempen, die eine freiwillige Gemeinschaft verinnerlichter Frömmigkeit in die Welt riefen, die «devotio moderna» klösterlich gesinnter Laien, und das neben der Bibel meistgelesene (Trost-)Büchlein der Weltliteratur schrieben, von dem heute noch 750 Handschriften und 3000 Druckausgaben der ältesten Auflage zu Augsburg (1486) existieren: «De imitatione Christi et contemptu omnium vanitatum mundi» («Von der

Nachfolge Christi und der Verachtung aller Eitelkeit der Welt»).
– Allein in dieser Auffassung liegt die Kraft ihres Tuns!

Als in diesem Jahr auch die sechsundsiebzigjährige Frau U. unter irrsinnigen Schmerzen starb, nachdem eine Gürtelrose die eine Gesichtshälfte zu einem roten Klumpen deformiert hatte, strahlte Hedwigs Wirksamkeit bis nach Amerika auf die ausgewanderten Töchter der Verstorbenen aus. Vor Jahren schon holte sie Frau U., die an der Alzheimer Krankheit litt, aus der Psychiatrie, übernahm ihre Pflegschaft, fand auch ein Altersheim, das großes Verständnis zeigte, wenn die Kranke bei ausfallendem Kurzzeitgedächtnis in Gefahr stand, das Haus zu verlassen und auf die Straße zu gehen. Über fünf Jahre holte Hedwig diese Frau immer wieder zu uns in den Garten, telephonierte über Stunden mit den Töchtern in Amerika. Nun, in der Adventszeit, erfuhr sie ihren Lohn. – Beide Töchter beschlossen, nach dem Tod der Mutter in der alten Heimat aus Dankbarkeit in Amerika jeweils auch eine alleinstehende Frau in das Alter zu begleiten.

Das Zeugnis der Tat also überwindet den Tod der Trägheit, der Gleichgültigkeit, der Hoffnungslosigkeit; ihm erst gebührt das Attribut fromm.

Krankengeschichte – Teil III:
Strahlentherapie und Krebsnachsorge

Januar 1988: Erstkontakt mit der Radiologie. Prof. R. hält meinen Krankheitsverlauf für optimal, die Lage der Muttergeschwulst für eine Strahlenbehandlung bestens. – Weshalb dann die Zytostatika zuletzt nicht mehr gewirkt hätten? – Ganz natürlicher Grund: Bei dieser Lage im kleinen Becken, links und rechts der Aorta, viel zu schlecht durchblutet, im Gegensatz zu den Metastasen. Die logische und einleuchtende Begründung schafft Vertrauen. Wir sollen auf keinen Fall die Bestrahlung in der Provinz vornehmen lassen, auch wenn die täglich zweimal 85 km sehr belastend würden jetzt im Winter. Hedwig ist nicht abzubringen von der geplanten Bestrahlung am Ort. K. habe auch alle Geräte. Nein, keine Klinik außer Großhadern, nicht einmal das Universitätsklinikum Tübingen: einen Linearbeschleuniger (für Feindosierung) und einen Therapiesimulator (für Feinabgrenzung); außerdem bestrahle K. mit Kobalt, das nicht tief genug dringe. Ich brauche «harte» Röntgenstrahlen, mindestens 5000 Einheiten, aufgeteilt auf 23 Bestrahlungen. Hedwig telefoniert mit unserem Hausarzt. Bestätigung von Prof. R.s Behauptung. Drängendes Zuraten von Dr. H. Wir entscheiden uns also für die tägliche Fahrt nach München. – Röntgenaufnahmen.

Einen Tag später: Vorbereitung für die Bestrahlung am nächsten Tag. Man hat anhand der Röntgenaufnahmen mathematisch genau die Bestrahlungsfelder ausgerechnet, die nun mit dicken roten Filzstiften auf den Körper übertragen werden: auf den Bauch ein Rechteck bis 10 cm oberhalb und 12 cm unterhalb des Nabels; auf jede Brustseite unterhalb des Armes in gleicher Länge ein mathematisches Gebilde, das dem Längsschnitt eines in der Mitte eingedrückten Zylinders gleicht. – Striktes Verbot des Waschens dieser Körperbereiche über gut vier Wochen, überhaupt der Wasserberührung. Sonst gäbe es brennende Hautallergien. Reinigung nur mit speziellem Puder. Der soll gleichzeitig die Haut vor Strahlenverbrennungen schützen. – Mistel dürfte ich als begleitende Alternativmedizin wieder spritzen. Wird allerdings nur gewertet als Verträglichkeitssteigerung. Möglichkeiten des Übelwerdens, von Brechreiz usw., ganz sicher Knochenmarkbelastung. Strahlenbeginn deshalb erst vier Wochen nach Ende der Chemotherapie, da Knochenmark noch zu stark vorgeschädigt.

Mein Allgemeinzustand hat sich in den letzten vier Wochen nach der Chemotherapie erheblich verbessert. Hedwig hat mir eine entsprechende Diät verordnet, die sie sehr bestimmt durchsetzt. Ein widerlicher Fraß: kein Fleisch, kein heißes Fett, nichts Geräuchertes, Gemüse nur gedünstet, Milch stark mit Wasser vermischt, kein Zucker, kein Essig usw., usw. Da sich aber die Geruchs- und Geschmacksnerven noch nicht regeneriert haben, ist ohnehin alles gleich. Aber den Darm konnte Hedwig damit ganz wesentlich beruhigen! Stuhlgang nur Brei. Gewichtszunahme bei dieser Kost allerdings Illusion. Die Onkologen grinsen nur über solche «Spielereien». Lediglich mein Haarwuchs zeigt überall gute Ansätze.

Die Hinfahrt nach München mache ich jetzt schon regelmäßig selbst, um Hedwig nervlich etwas zu entlasten. Die Rückfahrt übernimmt Hedwig, weil ich nach den Bestrahlungen mitunter ruckartig ermüde. Sonst noch keine bemerkenswerten Folgen. – In der Radiologie alle erdenklichen Tumorpatienten verschiedenster Stadien: zwanzigjährige Mädchen mit Vollglatze.

Der Behandlungsraum groß wie ein Klassenzimmer, nur viel höher. Darin allein die Bestrahlungskanone. An der Wand ein Monitor. Vom benachbarten Sekretariat werden auf ihn meine Personal- und Krankendaten, vor allem aber die Anweisungsdaten für die Bestrahlung eingeblendet. Assistentinnen setzen nach diesen Anweisungen das Gerät über mir an, loten sorgfältig die Bestrahlungsfläche aus, entsprechend der bezeichneten Körperpartien. Erster Schuß auf den Bauch, dann kreist die ganze Kanone um mich. Zweiter Schuß von unten auf die Rückenpartie. Neue Justierung des Gerätes auf die Körperseite und neuerliches Kreisen der Maschine von links nach rechts.

118

Mit jeder der vier Einstellungen täglich 20–30 Sekunden Bestrahlung, also fast eine Minute. (Vergleich zu den wenigen Sekunden einer Aufnahme bei Reihenuntersuchungen.) Seltsam, wie der Körper diese wahnsinnige Belastung aushält. Radiologieassistentinnen scheinen sich gegen andere Belastungen wehren zu müssen. Durch den kahlen Raum tönt ohne Unterbrechung von Bayern 3 «Bayernpop».

Das war ein ungewöhnlich milder Winter. Für uns ausgesprochen günstig. Es gab viele sonnige Tage, während denen ich mit der Baumschere bereits Äste der Gartensträucher ausgeholzt habe. Krebspatienten sollen ja viel an die frische Luft. Prof. R. amüsiert sich, warnt vorsichtig vor Überanstrengung, bagatellisiert jedoch auftretende leichte Rückenschmerzen. Mitpatienten: Ob ich in den Verhaltensanweisungen nicht das Verbot jeder Anstrengung gelesen hätte? Nein, ich habe das überlesen. – Mit 22 Bestrahlungen Abbruch. Die Dosis ist erreicht. 17. 2. 1988. Nun wieder monatelange Wartezeit. Meine Skepsis ist stärker als alle Hoffnungen. Wie geht es weiter, wenn auch die Strahlen nicht wirken sollten?

Februar 1988: Noch keine Rötung der Haut, kein Schuppen, Nässen oder Bräunen. Dieser Linearbeschleuniger scheint etwas zu taugen. – Was wird aus den Patienten der Provinz, wo man Linearbeschleuniger, Therapiesimulator und Röntgenkanone nicht besitzt? – Auch Provinzkrankenhäuser bestrahlen eifrig! Ergebnis: oft übelste Verbrennungen.

März 1988: Recht deutliche Schmerzen im Rücken. An der gleichen Stelle fing es vor einem Jahr an. Aber vielleicht nur Reaktion auf das Bücken im Garten. Unsere «Chinesin» behauptet, das seien die typischen Akupunktur-Nierenpunkte. Auf meinen Hinweis, auch Großhadern habe gegen mögliche Nierenschäden gespritzt und vor der Bestrahlung eine Nierenfunktionsprüfung durchgeführt mit einem faszinierenden Gerät, auf dessen Monitor ich verschiedenfarbig den Durchlauf der Kontrastmittel in dreiviertel Stunden selbst verfolgen konnte: «Was wissen die denn von der Niere!» Belehrung: «Akupunktur» sei eine unrichtige Übersetzung; besser wäre «Brennen und Stechen». Sie brennt mich entlang des Rückenwirbels mit kleinen Zündhütchen, dort, wo die Schmerzpunkte liegen. Spuren davon noch nach drei Wochen. Wirkung nach wenigen Stunden. Verblüffend!

Seit Dezember spritze ich nicht mehr Heparin. Die Thrombozyten haben sich auf niedrigstem Normalniveau eingependelt. Damit besteht keine Thrombosegefahr mehr. Meinen Stüztstrumpf, der den strammer werdenden Oberschenkel zunehmend strangulierte, abgelegt. Allopathen halten das für äußerst bedenklich, Alternativheiler befürworten ein Weglassen. Da Hedwig nach Venenoperation mit Erfolg in gleicher Weise handelte, entscheide ich mich auch gegen die Kliniker.

Man muß in der jetzigen Situation ohnehin lernen, selbst zu handeln. Es gibt für die Rehabilitation Krebskranker weder Leitlinien noch übergreifende Behandlungskonzepte. Alle «Krebsrehabilitationen» in Kurkliniken sind nicht wissenschaftlich geprüft. An welche Klinik mit welchen therapeutischen Methoden ein Patient gerät, ist reiner Zufall. Ein Kempter Arzt hat wenigstens einmal 76 solcher Kliniken in Deutschland und deren Therapieschwerpunkte aufgelistet, dazu zwei Dutzend Krebsgesellschaften und Krebsverbände der einzelnen Bundesländer sowie Forschungsgemeinschaften für bestimmte Krebsarten und Krebs-Selbsthilfeorganisationen[56]. Wem fällt diese wichtige Broschüre eines völlig abseitigen Kleinstverlages in die Hand? Wer hilft beim Verwirrangebot?

Telefonat mit dem «Deutschen Krebsforschungszentrum Heidelberg» (Tel. 06221-410121). Im Einsatz 1500 Wissenschaftler. Man speist alle Daten der Diagnose und des Therapieverlaufs ein. Rückruf nach gewöhnlich zwei Tagen. Genaue Auskunft über den Forschungsstand zu bestimmten Medikamenten – auch der Alternativmedizin. Vorlesen ganzer Forschungsberichte.

Doppelt genäht hält besser! Anruf bei den jeweiligen wissenschaftlichen Diensten der Pharmafirmen nach Forschungserfahrungen. Sehr willig, detailliert. Enzyme, Sauerstofftherapie oder Schlangengift? Ich entscheide mich weiter für Mistel (Iscador). Gibt es in elf verschiedenen Varianten (Apfelbaummistel, Kiefernmistel, Eichenmistel, Ulmenmistel). Die richtige Wahl und Dosierung (Serie I–III) wird bestimmt von Krebsart, Patientengeschlecht, Patientenalter. Ich bekomme Viscum pini, spritze selbst alle zwei Tage abwechselnd Serie II und III in die Bauchdecke oder den Oberschenkel. Hervorragende Zusammenarbeit mit Dr. H., meinem Hausarzt.

Die weitverbreitete Meinung der Mediziner, eine Wirksamkeit von «Viscum album» sei nicht erwiesen, belegt lediglich ihre Ignoranz. Der Wiener Chirurg Professor Salzer stützte sich 1975 auf die Erfahrung von 2500 Krankengeschichten. Er erzielte mit einer zusätzlichen Misteltherapie generell eine längere Überlebenszeit. Sie richtete sich nach den einzelnen Krebsarten und lag nach fünf Jahren bei 15 bis 30 Prozent. So lebten von 37 operablen Patienten mit einem Lungentumor nach vier Jahren noch 22, nachdem sie zusätzlich mit Mistel behandelt wurden, von 41 Operierten ohne Mistelzugabe dagegen nur noch 9[57]. Die amerikanische Mayo-Klinik erreichte durch Radikaloperation und hochdosierte Nachbestrahlung bei Mammakarzinomen eine Heilungsquote von 58 Prozent. Professor Salzer berichtete schon 1962, daß nach vier Jahren noch 78 Prozent der Frauen mit Brustkrebs lebten, die im Gegensatz zur Mayo-Klinik nicht radikal operiert wurden, jedoch eine Iscadorbehandlung erfuhren.[58] – Der ehemalige Chefarzt und Mitarbeiter beim Zytologischen Zentrallaboratorium der Arbeitsgemeinschaft für Krebsbekämpfung Nordrhein in Köln, Dr. med. Günter Link, weist auf die Untersuchungen des Max-Planck-Instituts für Eiweißforschung in München hin. Sie haben ergeben, daß aus der Mistel isolierte Proteine (Eiweißkörper) in der Zellkultur eine krebszerstörende Wirkung zeigten, die um ein Vielfaches stärker sei als jedes andere Zytostatikum[59].

Jeder Autor der Allopathie führt zu einem Drittel seiner Publikation einen verbalen Kampf gegen jede Art Alternativmedizin. Grundtenor: wissenschaftlich nicht geprüft. Warum nicht? Kommt es übrigens einem verzweifelten Patienten darauf an? Er frißt selbst Kuhdreck, wenn es hilft, gleichgültig, ob wissenschaftlich abgesegnet oder nicht, genauso wie er sich mit allopathischem «Chemiedreck» vollfüllen ließ.

Jede Publikation der Alternativmedizin verteufelt fast jede allopathische Therapie, entwirft die schwärzesten Zukunftsbilder der Schädigung und die rosigsten Utopien möglicher Erfolgsaussichten. Die einzelnen Therapierichtungen setzen sich gewöhnlich selbst absolut. Ursachenerklärungen für Krebs, die eher phantastischen Grotesken gleichen. Ein wissenschaftlicher Wirkungsvergleich verschiedener Methoden alternativer Medizin fehlt völlig. Entscheidend allein das Dafürhalten des einzelnen «Heilenden» und dessen punktuelle Erfahrungen. An wen der einzelne gerät, ist Lotterie.

Es ist gemeingefährlich zu behaupten, alternative Medizin könne Krebs heilen oder auch nur besser heilen. Trotz der abseitigsten und gewagtesten Anleihen bei Exorzismus, I-Ging, Sonopunktur, Pyramidenkraft, Biofeedback, Marihuana, bei den magischen Praktiken der Schamanen, dem Nutzen buddhistischer Lehren, von Lao-Tse, Maharishi Mahesch Yogi und Quantenphysik, der Entwicklung einer Vorstellungsbild-Therapie usw., sterben nach Auskunft der Weltgesundheitsorganisation jährlich 4,9 Millionen Menschen an Krebs. Alle zwei Jahre hört eine Bevölkerungsquantität von der Einwohnerschaft Bayerns auf zu atmen, im Zeitraum seit dem letzten Weltkrieg sind soviel Menschen an Krebs verfault, wie ganz Europa Einwohner zählt. Das übertrifft alle apokalyptischen Zukunftsbefürchtungen anderer Art.

Es ist aber auch unverantwortlich gegenüber dem Hilfesuchenden, wenn Kliniker alle Möglichkeiten begleitender oder nachsorgender alternativer Medizin lächerlich machen. Ein auf diesem Wege verbessertes Blutbild, eine so wieder hergestellte Darmflora, eine mit ihren Mitteln entgiftete Leber, eine Diät-Entlastung und Steigerung der Immunität machen jeden Patienten zumindest therapierbarer.

März 1988: Meine Rückenschmerzen haben sich erheblich gesteigert. Wirkungslosigkeit auch der «harten» Röntgenstrahlen? Anruf in München. Die Assistenzärztin der Radiologie: möglicherweise Metastasen im kleinen Becken. Also auch das Ende, weil nicht therapierbar? CT in München erst im April möglich. Ratschlag zum schnellen CT am hiesigen Ort. Nervensägender Tag! Dann das Ergebnis. Dr. L., der die neoplastischen Gebilde ein Jahr zuvor entdeckt hat, bringt mir die Nachricht persönlich: «Die Muttergeschwulst beginnt, einen Kalkrand anzusetzen.» Das ist die erste Hoffnungsnachricht. Anruf sofort bei Hedwig. Wir können es kaum fassen. Nicht zu beschreiben diese Mischung aus Freude, Glücksgefühl, Dankbarkeit, ungläubigem Staunen, immer auch jetzt verbleibender Skepsis. – Und die Schmerzen? Was heißt hier Schmerzen! Aber die Ursache?

Mitte März 1988: Eine massive Gürtelrose, verteilt über eine volle Gesäßhälfte, eine volle Bauchhälfte, Leiste, Hodensack, Oberschenkelansatz. Bläschen neben Bläschen. Gesteigerte Schmerzen! Aufatmen! Gottlob, nur eine Gürtelrose! Anruf in München: Alles in Ordnung. Nur eine Gürtelrose. München ist auch zufrieden: Zoster (Gürtelrose). Kennt man. Strahlenschädigung. Die in den Nervenspitzen eingelagerten Windpockenviren sind also virulent geworden. Unsere «Chinesin» nadelt mich. In vier Wochen abgeheilt. Da könnte Großhadern staunend lernen.

Ende April 1988: Erstes öffentliches Auftreten. Abschied vom letzten Kollegiatenjahrgang. Gut einstündiges Referat («Die Hierarchie der Werte») – Stehend! Na also!

Mai 1988: Bücken über die Stuhllehne nach einem Blatt Papier. Ein stechender Schmerz in der Brust, ein Aufschrei! Röntgendiagnose: Siebente Rippe angebrochen. Bange Frage: Nun tumoröse Aktivitäten in den Knochen? Knochenszintigramm. Außer dem Rippenbruch keine zusätzlichen Aktivitäten. Nur Zytostatika-Folgen: Entkalkung der Knochen. Nur! – Und im Garten warten, neu angefahren, fünf Kubikmeter Humuserde.
Frau G., Leiterin eines Selbsthilfekreises der «Krebsnachsorge», über eine Orientierungsfahrt in die Klinik nach Oberstaufen. Sehr entgegenkommende Onkologen. «Iscador» und «Wobe-mugos» gerade noch beiläufig erwähnt. Ansonsten alle biologischen Heilmittel abgelehnt, einige angeblich schädlich. Keinerlei eigenes Angebot zur Erholung des schwer geschädigten Knochenmarks, zur Behebung der

bedeutenden Stoffwechselanomalien, zum Wiederaufbau der zerstörten Magen- und Darmschleimhäute. Von allen Patientenbeschwernissen, die nicht neuwachsende Geschwülste betreffen, sieht der Onkologe großzügig ab. Wozu gibt es Hausärzte? Hausärzte kompensieren ihre Überforderung mit einer von allen Kassen angenommenen generösen Rezeptierung.

Ein wirklich treffliches Bild von «Ganzheitsmedizin». Überall Neid, Mißgunst, Ignoranz, Verleumdung und hybride Selbstüberschätzung. Ärzte, Homöopathen, «Heiler» zeigen sich ungeniert entblößt, moralisch nackt – ohne sich vor dem hilflosen Patienten zu schämen. Den aber treibt man in die Hände der Geistheiler, Magier, Pendler, Rutengänger, Handaufleger, Mondbesprecher: in das Geschäft mit der Angst!

Juli 1988: Plötzliche Gewichtsabnahme: 4 Pfund in acht Tagen. Was nun? Sollte ich nicht darauf achten? Alarm schlagen? Vielleicht aber nur Ernährungsfehler. Also abwarten. Wir setzen das sehr grobkörnige Vollkornbrot ab. Fortlaufendes Wiegen: vor dem Stuhlgang, nach dem Stuhlgang, nach viel Flüssigkeitsaufnahme, nach wenig Flüssigkeitsaufnahme. Gewichtsverlust hört auf. Die durch Bestrahlung geschädigten Magen- und Darmwände haben offensichtlich das grobe Korn nicht aufgeschlossen und unverarbeitet ausgeschieden.

Juli 1988: Wahnsinnige Afterschmerzen. Ich habe den Eindruck, der Schließmuskel arbeite überhaupt nicht seit den schweren Diarrhöe-Tabletten während der Konterquarantäne. In der Praxis des Krankenhausinternisten Dr. Sch.: Analspiegelung. Schwere Fissuren. Dicke Narben von den monatelangen Entzündungen und Hämorrhoiden. Uninteressant für Onkologen, wichtig für Internisten. Salbe und das Gerät eines Analdehners.

29. August 1988: Seit Wochen dieses Jucken an den Unterarmen und Ellenbogen. Puksel eines Ausschlags, auch an Knie und Schienbein. Zwischen den Zehen Wasserbläschen. Erst wenn ich sie aufreiße,

läßt der Juckreiz nach. – *Telefonat mit München. Frau Dr. M. von der Poliklinik: Alle Medikamente, auch die alternativen, absetzen. Also Medikamentenallergie? Von der Anussalbe oder den lebenden Darmbakterien für den Aufbau der Darmflora? Die Beipackbeschreibungen liefern Indizien.*

30. August 1988: *Fast kein Hautjucken mehr. Freudige Stimmung.*

31. August 1988: *Da ist es wieder! Neue Pickel: Handgelenke, Hand. Also doch Tumoraktivität? – Jucken ist medizinisch gesehen Schmerz als Minimalreaktion der Hautnerven. Tumorpatienten enden oft mit wahnsinnigen Schmerzen. Alle möglichen Bilder der Endphase projiziert der Hirncomputer. Hat diese Phase damit schon begonnen? Ich belaste Hedwig mit meinen Befürchtungen. Sie bagatellisiert mit Überzeugung: «Das muß nicht sein!» Zehnmal mag dieses Hautjukken harmlos sein, beim elften Male beginnt damit die Katastrophe: Wir sind bereits dreiviertel Jahre nach Aussetzen der Chemo-Wirksamkeit.*
Beim hiesigen Dermatologen und Allergologen. Dr. H.: Alle Hautausschläge typisch für meine Art Lymphome. Also doch? Nicht unbedingt. Wieso? Alle Symptome auch bei Nicht-Tumorpatienten vorkommend. Anlagebedingt. Indiz: die Art des Angewachsenseins der Augenbrauen. Ich bin ein Typ für Ausschläge genau dieser Art. Was also ist? Ist es ein Symptom, das Anlaß zur Sorge geben muß? – Wir drehen uns wie so oft im Kreise.
Anruf in Großhadern. Frau Dr. M. setzt das im Oktober fällige CT schon auf 21. September fest. Würde sie das ohne ernsthafte Befürchtungen? Dringender Achtungshinweis auf Fieber. Zuvor sind alle von ihr hochgeschätzten Fachleute der Uni-Klinik in Urlaub.
Das CT am 21. September kollidiert mit unserem geplanten Urlaub in Südtirol, dem ersten nach der Krankheit. Wir beschließen Aufschub bis Oktober. – Drei Wochen Wartezeit: Anzahl der Wachstunden, Anzahl der Wachminuten. – Hedwig schlägt ein sofortiges CT hier am Ort vor.

1. September 1988: *Erneute Rücksprache mit Großhadern. Frau Dr. M. hält nichts von einem hiesigen CT, da der Vergleich fehle. Beruhigung. Da der Ausschlag auf die Cortisonsalbe anschlägt und andere Hinweise (Fieber) noch fehlen, muß ein Rückfall nicht gegeben sein. Was sich in drei Wochen bildet, spreche auf die dann notwendige Therapie genausogut an.*

Diesmal sitzt der Schock in Hedwig tief. Was hatte doch Frau Dr. M. beim letzten Besuch in Großhadern zu ihr gesagt? «Nutzen Sie die Zeit!» Wie nutzen? In wieviel noch verbleibender Zeit? Nun endlich ist Hedwig zu Letztorientierungen bereit: Rentenbezüge, Steuerfragen, Verlagskorrespondenz, Fotoerinnerung, Fototechnik, Gartenpflege, Büchererbe. – Umkehrsituation. Sorgte Hedwig bisher unermüdlich für mich, so gilt nun meine ganze Sorge ihr, ihr in der Zeit nach mir. – Ich will diese Aufzeichnungen vorantreiben, ein Stück gemeinsames Gedankenerbe. Stünden die Letztmonate bevor, dann will ich nur noch zeichnen und malen. Fertigkeiten für das nächste Leben.

Wir planen, Ende September/Anfang Oktober in mein geliebtes Südtirol zu fahren. Roulette! Vabanque des Lebensmutes. Hasardieren mit den letzten Atemzügen.

21. September 1988: *Beim Dermatologie-Professor in Großhadern. Ausschläge überhaupt nicht typisch für Lymphome. Allergie. – Also wiederum die mangelnde Erfahrung der Provinz.*

22. September 1988: *Mittags Telefonat mit Dr. M., CT-Ergebnis: Alles unverändert, keine neuen Aktivitäten. – Ich könnte ihr um den Hals fallen.*

Februar 1989: *Frau G. vom Krebs-Selbsthilfekreis hat von einer Krebs-Klinik in Brannenburg erfahren, die spezielle Bluttests durchführe, um Mangelerscheinungen festzustellen und die Immunität (T-Leukozyten) zu steigern. – Zwei Fahrten nach Brannenburg in Oberbayern.*

Medikamentierung: Enzyme aus Ananas zum Abbau von krankhaf-

ten Eiweißablagerungen (Fibrin/Immunkomplex); Zink (seitdem alle Hautreaktionen weg); Calcium mit Vitamin D 3. Hohe Gaben Vitamin A und E. Spurenelement Selen mit Vitamin E (Ersatz für mangelnde Fleischnahrung), Krebsverhütung. (Test an Mäusen, Reduzierung von 82 Prozent auf 10 Prozent. Auch gegen zahlreiche chemische Krebserreger.)

Sommer 1989: Ungemein aufgeholt durch den Ausgleich der Mangelerscheinungen. Gewicht fast wie vor der Krankheit. Stuhlgang endlich normalisiert. – Warum macht man solche Bluttests nicht in Großhadern? Warum ist Krebsbehandlung nur Reparatur?

Alle Umwelt spricht nach meiner vorzüglichen Erholung von einem Wunder. Das bin ich medizinisch auch für meinen Hausarzt. Eine Krankenschwester: Sie habe noch nie erlebt, daß sich ein Patient mit nur 200 Leukozyten erholen könne. Hinweise darauf, daß ich nur von einem CT zum anderen lebe, beeindrucken nicht mehr. Jeder müsse täglich mit dem Tode rechnen.

Wenn ich doch «jeder» sein könnte! Aber erst 5 Jahre nach Behandlungsende darf ich wie «jeder» auf den Tod warten. Diesen Spannungszustand kann nur Hedwig nachfühlen.

Frau H. rief kürzlich nach einem Damenkaffee bei Hedwig an, um sich zu entschuldigen für die auch von ihr leichtfertig gebrauchte Phrase. Sie allein ahnte bisher, nach Todesgefährdung eigener Kinder und dadurch ausgelösten Ängsten, wie tief verletzend diese bagatellisierende «Tröstung» ist.

Es ist nun besser, wieder zu schweigen.

Leid – Ein Machwerk menschlichen «Ungeziefers»?

Letztmalig das Thema «Leid». Es wird mir lästig. Familie H., herausgefordert durch den Vorwurf «christlicher Lieblosigkeit» und das schmerzende Ungenügen, mir biblisch stichhaltig auf eine immer wieder geforderte Leiderklärung antworten zu sollen, versuchte, gewiß mit ziemlicher Mühe und notwendiger Spitzfindigkeit, eine entsprechende Lektüre für mich zu finden. Nun liegt die liebevoll gemeinte Weihnachtsgabe also auf dem Tisch, und ich habe mich mit einer gewissen Neugier noch am Weihnachtsabend auf das Buch gestürzt. Eine Empfehlung von Prof. Josef Pieper, es sei schwer, «in der gesamten philosophisch-theologischen Literatur dieser unserer Zeit eine Schrift aufzutreiben, die so umfassend klar...» sei usw., steigerte die Spannung auf C. S. Lewis: «Über den Schmerz»[60]. Sieh da! Ein Engländer. Aber wieso Schmerz? Nun, das englische Original: «The Problem of Pain». Und damit setzte das Problem ein.

Englisch «pain» bedeutet Schmerz, Leid, Übel. Das erste Problem also, wie so oft, ein semantisches. Die englische Vokabel ist verwaschen, nicht klar abgegrenzt, deckt zudem auch nicht annähernd die deutschsprachige Bedeutung von «Leid» ab: das alte, das chronische, das unheilbare, das lange, schwere Leiden, an dem jemand gestorben ist, die ganze Leidensgeschichte eines endlosen Leidensweges ertragen, ausstehen, erdulden zu müssen oder ihrer leidig zu sein. Da gibt es den Leidtragenden und die Leidkarte (schweiz.), mit der man ins Leid, also zur Beerdigung und zum Leichenschmaus geladen wird. Für Leid kann lange Krankheit ein Anlaß sein, ist aber nicht die Sache selbst, Leid ist immer seelischer Schmerz, Kummer, Schaden usw. Und gerade diese Lesart weist auf den Bedeutungsursprung hin aus dem Althochdeutschen «leid»: das Betrübende, die Schande, die Beleidigung. – Lewis macht nun tatsächlich die Unterscheidung zwischen dem viel oberflächlicheren «pain» und dieser Bedeutung von Leid.

Machen wir zunächst aber eine Prüfung darüber, was die Bibel zum Thema Leid sagt. Es fällt auf, wie eingeengt es angegangen wird. Abgesehen davon, daß die Schilderung der Leiden Christi im Mittelpunkt steht, haben zu leiden natürlich die um Christi willen Verfolgten. Segen liegt auf dem gläubig getragenen Leid, heißt es. Leid bringt das kollektive Gericht über Sünden, wie bei der Sintflut. Auch Züchtigungen können Leid bereiten. Sie dürfen sogar von Menschen über den Sünder verhängt werden, wie bei der Satansüberantwortung wegen Hurerei im 1. Korintherbrief (5,1–5) oder dem Verlust des Glaubens im 1. Timotheusbrief (1,19–20). Nach dem Johannesevangelium (9,1–3) dient Leid zwar dazu, Gottes Wirken durch seine Heilung deutlich zu machen. Dennoch hat es den Anschein, als sei der Mensch für Gott nur Mittel zum Zweck?

All das überzeugt einen Tumorpatienten nicht, der beobachten muß, daß stadtbekannte Hurenböcke sich bester Gesundheit erfreuen und daß die pfeifend durch ihre Aktienpakete Blasenden ungestraft den Glauben lästern dürfen. Das ist ja das Ungerechtigkeitsproblem! Im Leid stehen nicht die Gleichgültigen, Glaubenslosen, Unbekümmerten, Leichtsinnigen, Hohnlachenden, Lästernden, Spottenden, Oberflächlichen. Sie kümmern sich wenig um Mißgeschicke, Pannen, Schicksalsschläge, selbst den Tod, nach der Maxime «Das Leben geht weiter». Unter dem Leid brechen gerade jene zusammen, die im Glauben stehen, die das «Strafgericht» und seine Prüfung an ihrer Person am wenigsten begreifen können, die dennoch an Gott festhalten wollen. Und gerade das macht einen gut Teil ihres Leides aus! Treffen auf sie diese Bibelstellen wirklich zu? Ach ja, da ist das Buch Hiob. Und wieder käme alles vom Satan, natürlich mit Gottes Zulassung. Leid also als Prüfung. Nun gut. Warum nicht?

«Die Illusion», so Lewis, «von der Selbstgenügsamkeit des Geschöpfes muß um des Geschöpfes willen zerstört werden; und

Gott zerstört sie …: durch Unglück, durch die Angst vor Unglück, durch die nackte Angst vor dem ewigen Feuer.»[61] Deshalb sei «Leiden ein notwendiges Element der Erlösung»[62]; denn «die erlösende Wirkung des Leidens liegt hauptsächlich darin, daß es uns geneigt macht, den rebellischen Willen zu bezwingen»[63] – sofern er, müßte man jetzt schon streng korrigierend einwerfen, tatsächlich die Rebellierenden träfe und nicht die Frommen. – Nun, unter denen gibt es natürlich nicht nur angemessen demütige, sondern auch schwache, unterwürfige Fromme. Und sie empfinden es in biblischer Umkehr und masochistisch-christlicher Regung geradezu als eine Auszeichnung, wie Gotteslästerer und Hurenböcke in das von Satan bewirkte Leid gestoßen zu sein.

«Wie kann ein Mensch sich über Leiden beklagen, wenn er Jesus am Kreuze betrachtet», soll die hl. Klara von Assisi gesagt haben. Und so etwas wird uns beispielgebend zur Leidüberwindung doziert, ohne zu fragen, wieweit eine derartige Haltung das Grundgebot des Christentums schlechthin verletzt. – Warum erfahren wir in idealtypischer aber wirklichkeitsfremder Stilisierung nie etwas davon, was im sozialen Umfeld der Heiligen geschehen ist: mit den Müttern, den Frauen oder gar Kindern, die sie möglicherweise als Hindernis von sich gestoßen haben? – «Denn alle Gesetze werden in einem Wort erfüllt, in dem: ‹Liebe deinen Nächsten wie dich selbst›» (Gal 5,14). Alle Gesetze! Wer seinen Nächsten wirklich liebt, der denkt also nicht in erster Linie egoistisch an seine Selbstheilung, sondern an die Hilfe im Leid, an das Mit-Leid. «Imitatio Christi» heißt nicht, dem Leidenden zusätzlich Vorschriften angeblich idealen Verhaltens aufzubürden, wie das die hl. Klara macht, sondern mitfühlend betroffen sein!

Das aber ist es, was vielen Christen fehlt! An diesem Mangel des Leidens am Leiden kann man als Christ zerbrechen! – Wer, wie Lewis, vom Sündenfall Adams abgeleitet die gesamte Menschheitsgeschichte «einfach zu einer Geschichte von Ungehorsam»[64], monokausal und darum ideologisch, abstempelt, zu einer Welt, in der das von Gott nur Gute kommende «durch das Böse von den Geschöpfen her gestört wird»[65], der lügt allen Opfermut der Menschen, alle Liebe, alle Frömmigkeit, die es gottlob auch in dieser Welt wärmend und aufleuchtend gibt, demagogisch hinweg, der malt mit Lust apokalyptische Bilder, um die biblischen Erlösungsbilder einer vorgezogenen Totenmesse besser verteilen zu können. Wie kann Josef Pieper einen Satz gutheißen, der unseren «gegenwärtigen Zustand . . . durch die Tatsache» erklären will, «daß wir Glieder einer verderbten Spezies sind», der unseren «gegenwärtigen Zustand einen Zustand der Erbsünde» nennt, weil wir uns benehmen würden «wie Ungeziefer»? Ja, nicht genug damit: «Weil wir Ungeziefer sind»![66]

Das sind nach Auschwitz nicht nur kollektive Beleidigungen aus dem faschistischen «Wörterbuch des Unmenschen», Grotesken menschlicher Inhumanität, sondern auch theologische Ungeheuerlichkeiten, denn die geforderte Agape zeigt sich gerade darin, alle Menschen zu lieben trotz unserer Kenntnis von ihren Schwächen und Hinfälligkeiten, nicht aber im Verteufeln nach propagandistischer Ideologenmanier. Es kann nach dem Holocaust auf der Grundlage kollektiver Beschuldigungen weder eine verworfene «Spezies» noch menschliches «Ungeziefer» geben – aber auch nicht gesamtmenschheitliches Leid, rechtfertigend abgeleitet aus der Schuld eines einzelnen, und sei es Adam selbst! Sähe Christentum so aus, dann bräuchten wir – leidend – nicht aufzuschreien darob, daß in Auschwitz auch Tausende unschuldiger Kinder erstickten, daß unter dem Atompilz von Hiroschima und Nagasaki Tausenden von Kindern die Lungenbläschen zerplatzten und ihre Haut in Dresden als brennender Phosphorfilm ablederte. Hätten sie dann nicht gerecht bezahlt für die Adams-Taten der selbstgerechten Hitler, Roosevelt und Churchill, für diese ganz-menschheitliche «Ungeziefer»-«Spezies»? So kaltschnäuzig herzlos also abstrahieren Theologen vom Leid der zum Wahnsinn in ihrem Schmerz getriebenen Mütter über diese himmelschreiende Schande. – Wieviel mehr Humanität besaß da die archaische Kultur der Klageweiber!

Selbst wenn es stimmen sollte, daß «vielleicht vier Fünftel menschlichen Leides», wie Lewis behauptet, durch menschliches Tun erklärbar seien, wie Folter, Peitsche, Gefängnis, Sklaverei, Kanonen, Bajonette, Bomben, Habgier, Dummheit, was geschichtlich schierer Blödsinn ist, wenn wir an die jeweiligen Massenopfer der gottgeschickten Landeinbrüche, Erdbeben, Wirbelstürme, Steppenbrände, Überschwemmungen, Heuschreckenplagen, Pest- und Cholera-Epidemien vor Kolonisierung, Technisierung und chemischer Seuchenbekämpfung denken, also die «biblischen Plagen», dann bleiben immer noch die unzähligen unschuldigen Kleinkinder der Welt, die von unheilbaren Krankheiten befallen werden, jene stumpfen Kinderaugen zwischen den unzähligen Schläuchen auf der Intensivstation einer Universitätsklinik, wie sie meine Schülerin Barbara bei ihrer täglichen Arbeit fotografiert hat.

Theologen dürften sich entschieden wehren, schließlich sei Jesus Christus durch das auf sich genommene Leid des Kreuzestodes für alle Menschen gestorben, Versöhnung, Rechtfertigung, Heilung, Neuschöpfung für alle Leidgeprüften erreichbar durch Aneignung des Werkes Christi als Sündenvergebung. Und daran läßt sich nicht zweifeln. Christus ist durch das menschliche Leiden hindurchgegangen, um die Menschen von Sünde und Schuld zu erlösen. Nun gut. Warum aber gibt es denn überhaupt noch Leid? Deutlicher nachgefragt: Warum also wirkt sich die Mittlertätigkeit Jesu Christi, die doch die Welt von der Erlösung nicht ausgeschlossen hat, wie das die indischen Religionen tun, erst nach dem Tode eines Individuums aus? – Theologen berühren solche Fragen kaum: Sie verkünden einfach die Frohbotschaft einer Erlösung von Schuld und Sünde, worüber der Leidende doch gefälligst dankbar und zufrieden sein sollte.

Das mangelnde psychologische Gespür des Theologen begreift nicht einmal die Fragestellung der Leidenden. Er glaubt, eine Ursachenerklärung sei weniger wichtig, angesichts der vom Christentum verheißenen Aufhebung allen Leides. Gerade das ist ein verhängnisvoller Irrtum. Psychologisch braucht der Lei-

dende vordringlicher zuerst eine Leidbegründung. Profanie-
rend deutlich gemacht: Weil er als Leidender hier und jetzt
möglicherweise noch Jahre überstehen muß, bis zu der vom
Christentum angebotenen Auflösung aller Probleme, Jahre, die
sich nicht psychologisch überbrücken lassen in einem virtuellen
Suizid. Das psychische Potential eines Menschen drängt zur
Verwirklichung. Will der Mensch, gerade in der zweiten Lebenshälfte, dem Drängen der Psyche nach «Individuation»
nachgeben als Vorbereitung auf den Tod im Sinne eines Wachs-
tums, dann muß er auf die aus dem Unbewußten aufsteigenden
Fragen nach den Leidursachen eine Antwort finden, die nicht
nur seiner Individualität genügt, sondern auch dem kollektiven
Aspekt des Unbewußten gerecht wird. Gelingt ihm eine solche
nicht, wie einem Buddhisten oder Hindu, in deren Religionen
nicht Schuld und Sühne im Mittelpunkt der Individualerlösung
stehen, sondern das Leid schlechthin, dann bleiben nur zwei
Auswege, um zu überleben: Wem der Heroismus eines Camus
nicht liegt, die Welt als Absurdität zu ertragen, der muß sein
Gottesbild mit der tatsächlichen Wirklichkeit in Einklang bringen.
An Gott die Frage gestellt, warum er die Todesschreie der unschuldigen Kinder nicht hören wolle, unterstellt augenschein-
lich, sein Tun und Lassen müsse verstehbare Gründe haben. –
Das aber ist allein der Irrtum!

Die Verlassenheit von Golgotha

Meine Adventsgeschichte im Kreis der vier eingeladenen
Damen löste, wie erwartet, einen tiefen Schock aus. Zwar legte
auch Pfarrer G. in seiner späteren Weihnachtspredigt die Zu-
sammenschau dieses Lebens zwischen Stall und Galgen nahe,
doch das auf liebliche Kinderwindelstimmung eingerichtete Ge-

müt fühlt sich zunächst irritiert, wenn an die vertraute Stelle deutscher Waldheimeligkeit die Schädelstätte rückt.

Jens Peter Jakobsen, der wohl größte Dichter Dänemarks, schrieb seine Novelle «Die Pest in Bergamo»[67] virtuos-brutal mit den Stilmitteln des frühen Naturalismus zeitgleich zu Nietzsches Zarathustra-Verkündigung, daß Gott tot sei. – Da sich die Ausrufung der Mutter Gottes «zum Podesta oder Bürgermeister» als unwirksam erwies nach Einbruch der Pest, breitete sich zusätzlich die Seuche der Sünde aus in jedweder Form aller Laster. Ein erstickender Leichengestank stieg empor, und auf den Stadtmauern hockten fremdländische Vögel, wie auf dem Rand einer Aasgrube. Nach elf Wochen zogen sechshundert Geißler unter dem Hohngelächter der Überlebenden in Bergamo und in die Kirche des Ortes ein. In ihrem «Rausch der Selbsterniedrigung» blieben die Geißler unberührt von der demonstrierten Altarschändung roher Gesellen Bergamos. Jene jedoch lauschten der zwingenden Rede eines asketischen Mönches mit zunehmendem Interesse, als der die Leidensgeschichte Jesu Christi erzählte und in ungewöhnlicher Weise abwandelte, indem er Christus tatsächlich vom Kreuz herabsteigen, das Kreuz leerstehen ließ und verkündete, es gäbe künftig keinen Mittler zwischen Gott und den Menschen. Nicht genug! Als die Bergamesen nun die Erlösungstat wollten und von der Mönchsgeschichte forderten «Kreuzige, kreuzige ihn!», da lachte der Mönch und zog mit den Geißlern davon.

Die mit Jakobsens Novelle ausgelöste Erregung machte deutlich, wie nur sentimental angehaucht in der Christmette jährlich gejubelt wird: «Christ, der Retter ist da!», wie weit Gott zum Gewohnheitsklischee der Annehmlichkeit denaturiert ist: der Liebesgefälligkeit, des Tröstebalsams – der so süßen Innerlichkeit.

Wer in der «Krebsbaracke» (Benn) liegen mußte, erlebte einen anderen Gott. Es ist jener Gott, der im 22. Psalm angerufen wird: «Mein Gott, mein Gott, warum hast du mich verlassen?» (2) «Auf dich bin ich geworfen von Mutterleib an; du bist mein Gott von meiner Mutter Schoß an. Sei nicht ferne von mir, denn

Angst ist nahe; denn es ist hier kein Helfer. Große Farren haben mich umgeben, gewaltige Stiere haben mich umringt. Ihren Rachen sperren sie auf wider mich wie ein brüllender und reißender Löwe. Ich bin ausgeschüttet wie Wasser, all meine Gebeine haben sich zertrennt; mein Herz ist in meinem Leibe wie zerschmolzen Wachs. Meine Kräfte sind vertrocknet wie eine Scherbe, und du legst mich in des Todes Staub» (11–16).

So ist der Tumorpatient geneigt, lauthals in das Golgotha-Midrasch einzustimmen: «Eloi, Eloi, lema sabachtani.» Und Er hat nach der biblischen Ursprache hemmungslos gebrüllt wie ein geschlachteter Stier, rückfallend in die Muttersprache Aramäisch, wie der Urtext bezeugt. – Auch der abschreibende Matthäus folgte 90 n. Chr. den von Markus gemachten Aufzeichnungen, also 50 Jahre nach dem Geschehen. Lukas, mit noch größerem Abstand, begann schon zu stilisieren: «Vater, ich befehle meinen Geist in deine Hände!» (23, 46). Und der letzte Evangelist, Johannes, glättete bereits im idealtypisch ideologischen Sinne: «Es ist vollbracht» (19,30), womit Johannes meinte, es sei «erfüllt» im Sinne alttestamentlicher Verheißung. – Jesus endete also nicht mit dem «Schma Jisrael», der jüdischen Bekenntnisformel, in seiner Todesstunde, sondern mit dem gellenden Schrei tiefster Gottverlassenheit!

Gewöhnlich gehen wir über dieses Geschehen hinweg, ohne davon tief berührt zu sein, obwohl hier Ungeheuerliches berichtet wird. – Wenn mir persönlich Christentum etwas sagt, dann aber gerade mit dem verzweifelten Jesus am Kreuz. Keine Religionslehre rückte die Gottheit und den Menschen in dieser Weise jemals so nahe zusammen wie das Christentum. Erst mit dieser Verzweiflung am Kreuz zeigt sich Inkarnation vollständig!

Jesus zweifelt nicht ontologisch an Gott, nicht an seiner Existenz, wohl aber an seiner erwarteten Güte und eingreifenden Gnade. Und dies entspricht der Wirklichkeit, der menschlichen Unerträglichkeit in den Stunden des kreatürlichen Endes.

Die Kirche hat uns über Jahrhunderte in der erwarteten Sterbehaltung überfordert und ungerechtfertigt in Ängste gejagt, die

sich in gewissen Zeiten, wie in der Vorreformation, zu Massen-
psychosen steigerten. Sie verweigerte uns den Verzweiflungstod
Jesu und erzwang unmenschlich-herrschsüchtig den von Johannes eingeführten Idealtod. Man machte die «mors improvida»
(den unvorhergesehenen, plötzlichen Tod) zum gefürchteten
Schreckgespenst, stellte formalistisch alles auf die zeitlich
punktuelle Sündenfreiheit in der Sterbeminute ab, allein erreichbar durch die Sterbesakramente der Heilsanstalt – dann
sogar dem reuigen Haderlumpen, diente er doch wenigstens als
Paradigma gewünschter Botmäßigkeit. Und man trug die Insi-
gnien dieser Glaubensintrumentarisierung in Versehgängen de-
monstrativ durchs Dorf. Aus der ersten Überforderung, die
mehr verlangte, als Jesus selbst erbringen konnte, folgte notgedrungen die zweite Überforderung: zu jeder Stunde todesbe-
reit zu sein, also im Zustand sündenfreier Gnade. So häufte die
Kirche auf Todesängste die Schuldangst, um als alleinige Mitt-
lerin die von ihr selbst erzeugten Ängste wieder abzubauen
und Gott als den nun Versöhnlichen am Sterbebett gnädig zuzu-
lassen.

Ein Tumorpatient bleibt von diesen Herrschaftsstrategien völlig
unberührt! Erste Erkenntnisse der Krankheit versetzen ihn in
einen Zustand des Schocks und der Lähmung. Davon gibt es
kaum eine Erholung. Vier Fünftel der Kranken dämpfen die
krankheits- und therapiebedingten Erregungszustände mit
Schlaf- und Schmerztabletten, die weitgehend einschränkungslos verabreicht werden. Zytostatika senken zyklisch die Zahl der
Leukozyten auf ein Drittel von normal, was Depressionen aus-
löst. Mangel an Bewegung und Sauerstoff, die Unfähigkeit, stärker gewürzt zu essen, Schädigungen der Darmflora mit Wasser-
verlust usw. lassen den Blutdruck sinken (bei mir auf 90 mm
Quecksilber systolisch); noch weiter fortgeschrittene Krank-
heitsstadien erfordern dann Morphium in immer höheren Gaben. Das krebsige Verfaulen, das embolische Ersticken, die
Wahnsinnsschmerzen venerischer Verschlüsse mit anschließen-
der Amputation breiten eine solche Finsternis über alle physi-

schen Regungen, daß sich Gott bestenfalls als etwas unendlich Fernes niemals erleben – sondern höchstens noch ahnen läßt.

In einem halben Jahr der Chemotherapie mit etwa zehn Wochen stationärem Aufenthalt von durchschnittlich monatlich einer reichlichen Woche bei ständig wechselnden Mitpatienten der Dreibettzimmer und während der Wartezeiten zahlreicher Spezialuntersuchungen ist es mir nicht ein einziges Mal gelungen, ein religiöses Gespräch einzufädeln oder über den anstehenden Tod gemeinsam zu reflektieren. Niemals gab es das Bedürfnis nach einem Priester. Nirgendwo sind Gott und Tod so tabuisiert wie in den Sterbetrakten unserer Großkliniken. – Man stelle sich vor einen Priester mit dem Allerheiligsten, ihm vorangetragen das Kreuz, hinter sich lassend den Weihrauchduft des Faß schwenkenden Ministranten und das verhallende Totenglöcklein eines zweiten. – Und das in den Gängen von Großhadern! Das «memento mori» als Therapiebehinderung! Unmöglich!

Kirche und Glauben sind auch Realitäten eines bestimmten geschichtlich-sozialen Umfeldes. – Menschen unserer Zeit sterben vielfach in der von Markus beschriebenen Gottferne – allein unterschieden in der Revolte des Trotzes – wie der am Kreuz gellend aufschreiende Jesus oder in der passiven Hinnahme seiner Abwesenheit unter der medikamentösen Betäubungsglocke. – Die Rückkehr aus solcher Situation erweist sich als prägend.

Rilkes «Stundenbuch» ist zur Unverträglichkeitslektüre geworden, dieses fragwürdige Du-Verhältnis einer Gottnähe, die an das späte Mittelalter erinnert, als die Tafelmalerei alles Heilige so weit in das Profane hinabzog, daß selbst eine Kathedrale nur als Wöchnerinnenstube diente, mit Wasserbottich, Pantöffelchen und aufgehängten Windeln. – Ich finde hinter solchen Lieblichkeiten nur noch Gottes Komisierung.

Gott ist mir begegnet in der Gottferne einer rücksichtslos alles zermalmenden Schicksalswucht, die brutal niederzwingt, in der Unendlichkeitsentfernung von Kreatur und Schöpfer und in der gleichen Gottferne seiner Möglichkeit, mich – wider alle medizinische Vernunft – nun doch noch eine Weile leben zu lassen. Und ich frage nicht mehr, weder nach dem ersten noch dem zweiten – ja überhaupt nicht mehr nach einem Warum. Ich beuge mich, aber ich ducke mich nicht, ich sehe auf, aber in Ehrfurcht geneigt. Religiöses Grunderlebnis meiner Krankheit: das «mysterium tremendum et fascinosum» (als das Machtvolle und Unnahbare, was den Menschen ohnmächtig zitternd in die Knie zwingt, und das gleichzeitig unendlich Anziehende und Beseligende).

Die Hierarchie der Werte
(Referat – gehalten zum Abschied von den Kollegiatinnen)

Wenn mir Schülerinnen vor wenigen Jahren sagten, sie scheuen sich, Kindern das Leben zu schenken angesichts einer immer bedrohlicher dünkenden Zukunft, dann habe ich solche Äußerungen als modisch-politische Attitüde gewöhnlich rigoros beiseitegewischt.
Erst durch den näheren brieflichen und persönlichen Umgang im Ablauf des vergangenen Jahres meiner Krankheit mußte ich erfahren, welche existentielle Not sich zuweilen in solcher Zukunftsangst artikuliert, ja daß sie zuweilen punktuell verdichtet eine allgemeine Verhaltensunsicherheit junger Menschen signalisiert. Das also gab den Anlaß, in der wahrscheinlich letzten «Schulstunde» meines Lebens zu Ihnen zu sprechen über «Die Hierarchie der Werte».
Erlauben Sie mir zunächst einmal, eine kritische Relativierung solcher Zukunfsangst aus der Sicht des Historikers vorzunehmen, da mir diese Angst wohl zeitspezifisch erscheint – wofür Schlagworte wie «atomarer Schlagabtausch», «Atomstaat», «ökologischer Kollaps» usw. stehen –, jedoch keineswegs neu anmutet. Die Wurzel derartigen Denkens liegt nämlich in der Aufklärung, die den deistischen Gott in weite Fernen des Unbeteiligtseins rückte und den vernunftbegabten Menschen eines

descartschen «cogito ergo sum» zum vermeintlich alleinigen Gestalter der Geschichte erhob, jenen Menschen, der vom angeblich unaufgeklärten zum aufgeklärten Zustand teleologisch geradlinig in der Geschichte fortschreite. Daraus resultierte jener Fortschrittsoptimismus, der alles für menschlich machbar hielt. Alles Irrationale wurde wissenschaftlich geleugnet, jedes Mysterium belächelt, da es nur eine Frage der Zeit, der ökonomischen Mittel und wissenschaftlich zu findenden Methoden sein konnte, bis sich solche angeblichen Rätsel lösten. Dieser aufklärerische Fortschrittsoptimismus stand der christlichen Hoffnung diametral entgegen, da der Hoffende etwas Unerwartetes, Unbekanntes, Unberechenbares – eventuell gar gegen alle rationalen Überlegungen Gerichtetes – erwartet. In Grenzsituationen des Gefangenseins, einer Krankheit oder Todesbedrohung hofft der Bedrängte sogar auf das Widersinnige, auf jenes vom aufklärerischen Denken abgelehnte Irrationale. Fortschrittsoptimismus dagegen setzt auf das menschlich Machbare, das menschlich Berechenbare, das menschlich Vorhersagbare. Und der Triumph naturwissenschaftlicher Erkenntnisse im 19. Jahrhundert schien diesen Fortschrittsoptimismus fast rauschhaft zu bestätigen.

Erst die Materialschlachten des Ersten Weltkrieges, in denen auch das Menschenmaterial der europäischen Jugend millionenfach zu Schlacke verglühte, bewirkten ein Umdenken. Fortschrittsoptimismus kippte um in Kulturpessimismus. Oswald Spenglers Morphologie der Weltgeschichte, vor 1914 bereits geschrieben, aber von keinem Verleger gedruckt, erreichte nun Massenabsatz unter einem Titel, der Schlagwort wurde: «Der Untergang des Abendlandes»! Man taumelte in ein Sinnchaos des Wertweltbezuges. Selbst im siegreichen Amerika artikulierten Hemmingway in «Fiesta» und Faulkner in der «Wendemarke» die Gefühle einer angeblich «lost generation». Und der schon 1924 verstorbenen Franz Kafka schuf in seinem Roman «Das Schloß» ein archetypisches Bild für dieses erlebte Wertweltchaos: die Welt als Labyrinth, das zu keinem Zielpunkt mehr führt. 1930 schrieb Siegmund Freud in seiner berühmten

Abhandlung über «Das Unbehagen in der Kultur»: «Die Menschen haben es jetzt in der Beherrschung der Naturkräfte soweit gebracht, daß sie es mit deren Hilfe leicht haben, einander bis auf den letzten Mann auszurotten. Sie wissen das, daher ein gut Stück ihrer gegenwärtigen Unruhe, ihres Unglücks, ihrer Angststimmung.» – So schon 1930, als es noch keinen Atommeiler und keine Atombombe gab! – Aldous Huxley malte in seinem utopischen Roman «Brave New World», der 1932 erschien, das beklemmende Szenario einer durch technischen Fortschritt völlig enthumanisierten Welt.

Aus dieser allgemeinen Sinnkrise eines verlorenen Wertweltbezuges im Gefolge liberaler Unverbindlichkeiten retteten sich viele Menschen durch die ideologische Gefolgschaftstreue gegenüber zwei Totalitarismen; denn die Weltanschauungen des Kommunismus und des Nationalsozialismus boten eine klare Hierarchie der Werte des ökonomischen bzw. des biologischen Materialismus an.

Nach der Katastrophe des Zweiten Weltkrieges setzte sich der Fortschrittsoptimismus erneut durch, vielleicht als verständliche Überlebensstrategie, gewiß als Enttrümmerungs- und Aufbaumentalität, nicht zuletzt als Folge einer Periode wirtschaftlicher Prosperität, die man – weil unerwartet – «Wirtschaftswunder» nannte. Während die Kriegsgeneration dem praktischen Materialismus eines Nachholbedürfnisses verfiel, das sich in einer «Freßwelle», einer «Wohnungswelle», einer «Reisewelle» ökonomisch kundtat, wiegten sich jene, die nach dem Krieg heranwuchsen oder gar nach dem Krieg geboren wurden, in der trügerischen und gefährlichen Illusion, sie endlich würden – im Gegensatz zumindest zur Kriegsgeneration – «normale Zeiten» erleben. Welch psychologisch gefährlicher Irrtum! Denn wirtschaften bedeutet Umgang mit knappen Gütern. Wer in der Fülle der Güter lebt, braucht nicht zu wirtschaften. Da der Mensch aber seit Urzeiten genötigt war zu wirtschaften, sind also Zeiten der wirtschaftlichen Krise, wie wir sie jetzt wieder zu erleben beginnen, das geschichtlich Normale, weshalb ein existentieller Pessimismus völlig ungerechtfertigt erscheint. Natürlich sind Ausnahmezeiten eines solchen «Wirtschaftswunders» als das Angenehme empfunden worden, ja der Nachkriegsmensch gewöhnte sich daran, alle Tätigkeiten und Erscheinungen zu Werten niederster Wertkategorie zu machen, zu Annehmlichkeits- oder Lustwerten. In den Mittelpunkt rückte das private Wohlergehen der Wunschbefriedigung, der Bedürfnisbefriedigung, was häufig nichts anderes bedeutet als Triebbefriedigung. Der Konsum ist zum Agens nicht allein dieser Triebbefriedigung geworden, sondern sogar der Wirtschaft, der Gesellschaft, der Politik. Man konsumiert nicht nur Essen und Trinken, man braucht auch den Sexualpartner und wirft ihn auswechselnd weg wie eine leere Konservendose. Man erkauft mit ausgefallener Mode oder einem teuren Automodell angeblich Prestige; selbst der Staat als Wohlfahrtsstaat hat nur noch die Aufgabe, dieser Bedürfnisbefriedigung zu dienen. Wert gewann allein das, was einen Lustgewinn versprach, was uns amüsiert, was uns Glücksgefühle vorgaukelt. Riesige Industriezweige mit Milliardenumsätzen sind entstanden, die allein solchem Lustgewinn oder Vergnügungsrausch dienen: Diskotheken, Spielhallen, Reiseunternehmen, Sportarenen, Fernsehstudios. Aber nichts wird so schnell schal wie der Genuß, wie das billige Vergnügen. Also müssen immer neue Reize der Lust geschaffen werden, die in den Rauschzuständen einer permanenten Musikberieselung, einer motorisierten Geschwindigkeitseuphorie, in Sextourismus, statistisch zunehmender Homosexualität, Perversität und Sodomie, in steigendem Drogenkonsum – auch der Schmerzbeseitigung und Psychopharmaka – endete.

Jene, die in den früheren Jahrhunderten zur niedersten Gesellschaftsklasse gehörten, zu den Jokulatoren, zu den Spaßmachern, zum «Fahrenden Volk» der Unterhalter, hat diese Gesellschaft in Fußballarenen, Plattenstudios und vor der Fernsehkamera kritiklos zu Millionären und bewunderten Idolen gemacht, während die wissenschaftliche, die pädagogische und ökonomische Leistungselite einem gnadenlosen Autoritätsabbau unterworfen wurde, weil sie dem hedonistischen Begehren zu Recht hinderlich dünkten. Selbst Schule sollte nicht mehr zur Leistung erziehen, sondern ein Ort von Lust und Vergnügen werden. Und noch der Tod, ja der Mord, ist in diese Grundhaltung eingeschlossen. Wir genießen die Tötungsbrutalitäten der täglich angebotenen Western und die raffinierte Tötungsjagd des menschlichen Freiwildes im täglichen Krimi. Diese Lust, einen Menschen zur Strecke zu bringen, ist aber zutiefst pervers. Cicero, Martial, Juvenal, Seneca, Petronius und Tacitus bieten genügend literarische Analogien dafür, daß das alles nicht neu ist. Wir leben «wie im alten Rom». Wir leben das Leben einer Untergangsgesellschaft! Aber nicht deshalb, weil das atomare Patt zu wenig Sicherheit böte, sondern weil die Rückbindung aller höheren Werte an die niederen hedonistischen Werte, also an den Lebensgenuß, auch den Lebensgenuß selbst zerstört. Sie bewirkt den dialektischen Umschlag der Lebensgier in die Todesangst. Aus dem Ahnen einer mangelhaften Weltweltbindung steigt also die Zukunftsangst nicht minder auf. Und dieser Aufstand des subjektiven Unbewußten potenziert sich heute mit einem neuerlichen Kulturpessimismus als Gegenschlag zu dem in der Wirtschaftswunderzeit neoaufklärerisch neu artikulierten Fortschrittsoptimismus. Aber die Todesfurcht dieses neuen Kulturpessimismus ist ebenso unqualifiziert wie der neoaufklärerische Fortschrittsoptimismus. Jener suggeriert hybrid und blasphemisch die Schaffensallmacht des Menschen. Dieser beschwört die angebliche Zerstörungsallmacht des Menschen. Der Mensch wird also allein in den Zusammenhang gerückt mit den Annehmlichkeitswerten: Er sei einerseits in der Lage, das paradiesische Annehmlichkeitsglück demiurgisch zu schaffen und zu genießen durch Fortschritt, oder er sei in der Lage, die letzte Unannehmlichkeit als atomare Hölle auszulösen und angstvoll zu durchleiden.

Man könnte mich nun fragen, ob ich denn die atomare Bedrohung, die Menschheitsgefährdung durch chemische Boden- und Nahrungsmittelvergiftung usw. nicht sehen wolle. Wie könnte ich! Aber zwischen Ihnen und mir bestehen möglicherweise zwei Auffassungsunterschiede.

Der eine Unterschied könnte darin bestehen, daß ich stärker zwischen Potenz und Existenz unterscheide, zwischen Möglichkeit und Wirklichkeit. Alle Untergangspsychosen sind dadurch gekennzeichnet, daß sie ein Mögliches bereits als Tatsächliches angstvoll durchzuleben scheinen, obwohl es sich tatsächlich um nichts als Fiktionen handelt. Das, was auf uns tatsächlich in der Zukunft zukommt, was uns geschickt wird als unser Schicksal, unser persönliches und unser kollektives Schicksal, mag da und dort geahnt, gefühlt, gefürchtet werden, kann punktuell vielleicht auch als die Teilwahrheit einer Prophezeiung dann und wann aufblitzen (Stichwort Nostradamus); es darf aber nie bewußt werden, denn ließe sich Schicksal tatsächlich berechnen und sicher voraussagen, wie das unsere Untergangspropheten unterstellen, dann würden wir das Leben von Gefangenen führen, die ihre Stunde der Hinrichtung kennen.

Und dies ist vielleicht der zweite Unterschied unserer Betrachtungsweise. «Es gibt nur ein Problem, ein einziges», schrieb Saint-Exupéry, der Dichter des «Kleinen Prinz», «es gilt wieder zu entdecken, daß es ein Leben des Geistes gibt.» Und in der Tat, wenn ich den Menschen unter dem Aspekt geistiger Werte sehe, etwa unter dem Aspekt erkenntnistheoretischer Aussagen über das Dasein und Sosein schlechthin, oder unter dem Aspekt religiöser Werte betrachte, also nach seinem Eigenwert in Beziehung zu Gott frage, dem Inbegriff aller Werte, dann komme ich zu ganz anderen Einschätzungen der Zukunft.

Betrachten wir einmal den Menschen unter dem erkenntnistheoretischen Aspekt der Ontologie, also der Seinslehre, dann ist er zunächst mehr als das Nichts, aber er ist auch nicht mehr als ein Seiendes unter unzählig Seiendem (lat. ein «ens»). Sein Da-Sein (lat. «existentia») beinhaltet sein So-Sein (lat. «essentia»). Seiendes als solches wirft im endlichen Bereich die Frage nach dem Was-Sein auf, was dann zu den zehn aristotelischen Kategorien führt, deren erste Kategorie umschrieben ist mit selbständigem

Sein (lat. «substantia»), deren zweite bis neunte Kategorie umschrieben wird mit unselbständigem Sein (lat. «accidentia»), wozu Qualität und Quantität, Relation, Ort, Zeit, Lage, Aktivität und Passivität gehören. Es gibt jenseits des Nichts nichts, was nichts Seiendes wäre: Unsere Empfindungen und Gefühle, unsere Träume und Ideen, die belebte Natur von der Mikrobe bis zum Menschen und die unbelebte Natur vom subatomaren Bereich bis zu den 14,5 Milliarden Lichtjahre entfernten Galaxien ist Seiendes. Alles Seiende in summa bezeichnen wir als *das* Sein. Das Sein jedes Seienden beinhaltet natürlich auch die Frage nach dem «ersten Grund» *jedes* Seienden und *alles* Seienden überhaupt. So sprechen wir vom Seins-Grund, von dem sich alles Seiende kausal herleitet. – Anzunehmen, der Mensch könne durch einen atomaren Schlagabtausch *das Sein,* also die Summe alles Seienden, tangieren oder gar den Seins-Grund aus den Angeln heben, ist eine hybrid-groteske Vorstellung.

Solche Art, ontologisch zu denken, bewirkt also die Bändigung der Erfahrungswelt, weil die Erfahrungswelt auf ein unbedingtes Sein bezogen wird. Wir fügen gleichsam unser menschliches Sein, ja das der gesamten Menschheit, ein in eine Wertordnung unter nicht nur überindividuellem Gesichtspunkt, sondern gar übermenschlichem, und gelangen zu einer Wert-Affirmation, zu einer Bejahung, weil wir wissen, daß im Vergänglichen – das durch die atomare Bedrohung als Massenschicksal durchaus hereinbrechen könnte – etwas erhalten bleibt, was nicht vergänglich ist. Denn jeder Untergang hat nur ein begrenztes Wirkungsfeld, das von einer unerschöpflichen und unermeßlichen Ordnung – ich wage deshalb auch zu sagen Harmonie – umschlossen wird: dem unzerstörbaren Sein. Menschliche Pläne, des Menschen Originalität und Autorität sind in ihrer Durchschlagskraft und Dauer sogar abhängig von der Übereinstimmung mit dem Seins-Grund, weshalb sich die Bedeutung seines Handelns – auch einer möglichen atomaren Katastrophe – dem Menschen letztlich entzieht.

In dieser gewiß recht anstrengenden Art abstrakt zu reflektieren im Sinne des erkenntnistheoretischen Denkens der Ontologie wird allerdings den wenigsten liegen, deshalb will ich diesen Gedankengang in der verständlichen Bildersprache der Religion noch einmal wiederholen. Alles Seiende ist in der Theologensprache die Schöpfung Gottes. Anzunehmen, die vom Kreator geschaffene Kreatur des Menschen stehe in der atomaren Tötungsallmacht, die Gottesschöpfung zu zerbomben, ist eine groteske Blasphemie. Selbst wenn der Mensch zu dieser unfaßbaren Tat schritte, wüßte niemand, ob dies nicht gar in Gottes Zulassung oder gar in seinem Willen läge. Denn für den Gläubigen greift Gott – im Gegensatz zum aufklärerischen Denken – nach wie vor in diese Welt ein. Als die kümmerlichen Reste des in Rußland vernichteten napoleonischen Heeres zurückkamen, da raunte man in Europa allerorten: «Mit Mann und Roß und Wagen, hat sie der Herr geschlagen.» *Gott* der *Herr* – nicht die Russen! Und in ganz ähnlicher Weise lasen wir selbst 1945, geschlagen von den Kampfstätten des Krieges wiedergekommen, Eichendorffs Gedicht, das er überschrieben hat «Mahnung»: «Genug gemeistert nun die Weltgeschichte! / Die Sterne, die durch alle Zeiten tagen, / Ihr wolltet sie mit frecher Hand zerschlagen / und jeder leuchten mit dem eigenen Lichte. // Doch unaufhaltsam rucken die Gewichte, / Von selbst die Glocken von den Türmen schlagen, / Der alte Zeiger ohne euch zu fragen, / Weist flammend auf die Stunde der Gerichte. // O stille Schauer, wunderbares Schweigen, / Wenn heimlich flüsternd sich die Wälder neigen, / Die Täler alle geisterbleich versanken // Und in Gewittern von den Bergesspitzen / Der Herr die Weltgeschichte schreibt, mit Blitzen – / Denn seine sind nicht euere Gedanken. //

Doch selbst solches Denken ist den heutigen Zeitgenossen ziemlich fremd geworden. Man hat den Eindruck, daß sich Gläubige, besondern aber jugendliche Gläubige, selbst Gott zu einem Annehmlichkeitswert gemacht haben, indem sie nur noch den ausgleichenden, glättenden, tröstenden, liebenden Christus zu sehen scheinen und dabei vergessen, daß Gott auch der Zürnende ist, der Strafende, der Rächende, der uns grausam dünkende in seiner unergründlichen Allgewalt. Wollten wir ihm das Recht absprechen, sich eventuell unserer zu bedienen, um so das Sodom und Gomorrha gegenwärtiger Welt vielleicht zu tilgen? Wer wollte ergründen, was «sub specie aeternitatis» ein atomarer Schlagabtausch tatsächlich bedeutet? Vielleicht verstehen Sie angesichts solcher Reflexionen ein portugiesisches Sprichwort besser: «Gott schreibt gerade auch auf krummen Zeilen.»

An diesem Paradigma dürfte überzeugend deutlich geworden sein, daß Zukunft unter dem Aspekt religiöser Werte oder erkenntnistheoretischer Werte der ontologischen Wahrheitssuche einen anderen Stellenwert erhält als unter dem der Annehmlichkeitswerte. Und dennoch werden Sie mir den Vorwurf der Unmenschlichkeit nicht ersparen, weil ich Zukunftsangst wohl als Folge exzessiv gelebter hedonistischer Werthaltungen erklärt habe, nicht aber als Ausdruck existentieller Bedrohung schlechthin. Es gehe schließlich um Leben überhaupt, um Ihr eigenes Leben speziell. Und damit hätten Sie die wertphilosophischen Überlegungen auf die nächsthöhere Stufe der Lebens- oder Vitalwerte geschoben, zu denen alles gehört, was im weitesten Sinne Lebenskraft und Gesundheit beinhaltet.

Niemand wird deren hohen Wert leugnen, schließlich sind die beschriebenen Lust- und Annehmlichkeitswerte auch nur erlebbar unter der Voraussetzung von Vitalwerten, also dem Leben schlechthin. So hat sich die Sorge um den Erhalt der Vitalwerte entsprechend aufdringlich in unser Bewußtsein geschoben und die Übertreibung gelebter Vitalwerte auch die entsprechenden Kuriositäten hervorgebracht. Rücken die Anhänger der Annehmlichkeits- und Lustwerte Showstars als Idole in den Mittelpunkt, so repräsentieren Ärzte die Wertschätzung der Vitalwerte. Noch bis in die sechziger Jahre, in den Jahrzehnten geistiger Sinnsuche nach der geschichtlichen Katastrophe von 1945, rangierte der Bischof an der Spitze der sozialen Prestigeskala. Ab dem Wirtschaftswunder bis auf den heutigen Tag nehmen die Ärzte ihren Platz ein; die «Götter in Weiß», wie man sie halb anerkennend, halb ironisch nennt; denn sie verwalten gewissermaßen den Wert ‹Gesundheit›, alle Arten von Kliniken und Gesundheitsinstituten, das Wissen um die Gesundheit durch Sport, durch die Trimm-dich-Mode und die Torturen einer Schlankheitsdiät. Man fährt jährlich auf den südländischen Teutonengrill, um am Arbeitsplatz Vitalwerte als Sonnenbräune dokumentieren zu können, nötigenfalls nachgeholfen durch hauseigene Solarien, verbringt Stunden und Tage wartend an winterlichen Skiliften. Pausenlos trommelt eine gnadenlose Werbung, daß nur Jugendlichkeit ein Wert sei, der sich durch Pharmaka, Säfte, Seifen, Desodorantia kaufen lasse. Selbst Schönheit sei ein käuflicher Vitalwert, wenn man sich nur regelmäßig wöchentlich die Haare färben und toupieren, auch maniküren und pediküren, massieren und in den beginnenden Rückgangsjahren liften lasse. Riesige Industriezweige sind allein entstanden, um das Bedürfnis nach Vitalwerten und unzähligen Pseudowerten in ihrem Gefolge abzusättigen. Wie fragwürdig dieser darum entstandene Rummel sein muß, macht die Frage deutlich, wie es um die Ehrfurcht gegenüber dem Leben schlechthin stehe. Eine Gesellschaft, in der die Sorge um die Psyche von Legehennen in Legebatterien oder von Rindviechern auf dem Schlachthof von größerem Interesse ist als die Spielfreiheit auf Kinderspielplätzen und in Kindergärten, eine Gesellschaft, die ihre Gebärfreudigkeit verloren hat und damit die Liebe zum eigenen Kind und mit dem Surrogat Hund die verlorene Kindesliebe ersetzt, ist ebenfalls pervers. Ja, weiß diese gegenwärtige Menschheit, die jährlich millionenfach rund um den Erdball Abtreibungen praktiziert, wie nahe sie in ihrer bejahten und verneinten Verabsolutierung von Vitalwerten dem biologischen Materialismus des Nationalsozialismus steht?

Denn Leben als solches, biologische Existenz, ist nur ein materieller und darum niederer Wert. Solches Denken reduziert sich auf Friedrich Nietzsches Lebensmaxime, wie er sie dargelegt hat im «Willen zur Macht», wobei Macht als Synonym für Leben steht.

Nein und nochmals nein! Niemals kann die bloße physische Existenz, dürfen also Vitalwerte Letztwerte sein. Als Christus völlig physisch zerschlagen am Kreuze hing, gerade da triumphierte seine Liebe, also ein ethischer Wert über den Vitalwert, indem er Gott anrief, er möge seinen Schächern verzeihen. Beethoven komponierte ertaubt mit seiner 9. Symphonie das Lied an die Freude – an die Freude! Wodurch er durch den Akt des Schöpfungsprozesses ästhetische Werte den Vitalwerten vorzog. Gerade die Grenze zwischen Genie und Wahnsinn, zwischen Kreativität und Krankheit ist ja fließend, weshalb es mich nicht verwundert hat, als mir eine ehemalige Schülerin, die jetzt im BKH als Schwester arbeitet, brieflich gestand, sie wisse nicht mehr, was normal und anormal sei, was gesund und ungesund sei. Selbst der zum Sterben verdammte Kranke dokumentiert in der Akzeptanz seines Todes, daß seine willige Annahme und die damit bekundete Demut gegenüber Gott oder der Natur ein höherer, weil ethischer Wert ist als der bloße Vitalwert nackter Existenz. Erst durch gelebte geistige Werte gewinnt nämlich der Vitalwert seinen Sinn.

Deshalb ist es mehr als anrüchig, zu behaupten, man könne keine Kinder in die Welt setzen angesichts einer möglicherweise nahe bevorstehenden Atomkatastrophe. Auch diese blasphemische Anmaßung, über Leben und Tod qualitativ entscheiden zu können, gehört zu den negativen Exzessen verabsolutierter Vitalwerte des biologischen Materialismus oder, anders ausgedrückt, zu Formen spiritueller Abtreibung. Selbst wenn wir unterstellen, man würde mit der Zukunftsbefürchtung recht behalten und das Kind müßte in 10 oder 20 Jahren unter dem Atompilz verglühen oder ersticken, so könnte der Sinn dieses Lebens allein schon darin gelegen haben, den Eltern das unvergeßliche Glück der Kindesliebe schenken zu sollen, ja einem anderen Menschen vielleicht nur die aufstrahlende Freude eines einzigen Kinderlachens in der Düsternis dieser Welt. Schon was den Sinn *eigenen* Lebens ausmacht, bleibt uns in weiten Bereichen verdunkelt. Wie sollen wir also den Sinn eines anderen Lebens, und noch vor dessen Geburt, ausmachen können? Doch trügerische Anmaßungen scheinen ein allgemeines Kennzeichen unserer Gesellschaft zu sein. So behaupten diejenigen zu Recht, welche Vitalwerte verabsolutieren, der kapitalistische Industrialismus habe nicht nur den Menschen ausgebeutet, sondern auch die Natur; aber wirtschaftliche Wachstums-, Arbeitslosigkeit sowie Strukturkrisen werden ungerechtfertigt zu einer ausweglosen Endzeitkrise hochstilisiert.

Dem antworten nun jene, die vordringlich Nützlichkeitswerte vertreten, also ökonomische Werte, wie wir sie in Industrie, Wirtschaft, Handel und Gewerbe antreffen, daß erst wirtschaftliche Werte als ihre Voraussetzungen die Vitalwerte möglich machen. Und es ist nicht zu bestreiten, daß Speisen und Getränke, Kleidung und Wohnung, Werkzeuge und Mittel für die Herstellung solcher Güter, vom Faustkeil bis zum energieerzeugenden Industriebetrieb, erst die Existenz menschlichen Lebens und das Leben der Massen heute ermöglichen; weshalb der Streit zwischen Ökologen und Ökonomen in der politischen Arena auch so erbittert geführt wird. Tatsache ist auch, daß unser gesamtes gesellschaftliches und politisches Leben von der Sorge um diese ökonomischen Nützlichkeitswerte dominiert wird, weshalb sich jeder Fabrikant und Gewerbetreibende mit teuer erkauften Statussymbolen aufdringlich an die Rampe öffentlicher Beachtung schiebt. Dies könnte man als die übliche Eitelkeit gegenseitiger Vorteilnahme einfach übergehen, wenn nicht diese Vertreter der Nützlichkeitswerte gleichzeitig behaupteten, Nützlichkeitswerte würden als materielle Basis auch die erkenntnistheoretischen, die ethischen, die ästhetischen und religiösen Werte, also alle geistigen Werte, in ihrer Realisierung bedingen, wobei man vordergründig nur an Schulen, Universitäten, Kunstakademien und Kirchen zu denken scheint. Ich frage mich zuweilen, was Vertreter des liberalen Kapitalismus, die solche Anmaßung artikulieren, von der marxistischen Ideologie der Basis-Überbau-Lehre überhaupt noch trennt. Die philosophische Wertlehre widerspricht einer solchen Interpretation jedenfalls entschieden.

Wenn ich einen Graben ziehen will, dann geht das erst, wenn zuvor der Begriff «Graben» definiert worden ist, als Verb und als Substantiv, in der Abgrenzung nämlich zu dem, was eine Delle, eine Furche, ein Loch, eine Schlucht, ein Tal ist. Erst dann kann ich gezielt zur Tat schreiten. Menschliches Tun ist also angewandter Geist. Und das gilt gerade für das Schaffen der Nützlichkeitswerte in besonderem Maße. Carl Friedrich von Weizsäcker, der Atomphysiker, stellte sich die Frage, woher die Begriffe der Naturwissenschaft kämen, und er gesteht: «So war es mein Erlebnis, daß ich nicht imstande war, die Quantentheorie zu verstehen und bis heute bin ich nicht imstande, die Quantentheorie zu verstehen, wenn ich nicht Plato verstehe.» – Expliziert an einem konkreten Beispiel: Am Anfang standen die brotlose mathematische Spekulation der «Allgemeinen Relativitätstheorie» sowie der «Speziellen Relativitätstheorie» Einsteins und die wirtschaftlich völlig ertraglose Grundlagenforschung Max Plancks, durch die man das Wirkquantum ‹h› entdeckte. Diese mathematisch-philosophische Spekulation völlig neuer Begriffsbildung von Raum und Zeit, Masse und Energie, und die Grundlagenwissenschaft führten – wie jede Anwendung von Wissenschaft – zur Technik. In diesem Falle zur Technik der Raumfahrt. Diese machte nun den Bau von kleinsten Computerchips notwendig, die Erfindung von neuen Metall-Legierungen und Bekleidungskunststoffen. Erst im Gefolge davon ergab sich die vierte industrielle Revolution der Elektronik, in der wir augenblicklich stehen. Wirtschaftliche Innovation steht also immer am Ende, niemals am Anfang einer Entwicklung, was auch die Geistesgeschichte des Abendlandes belegt, die, ausgehend von der antiken Philosophie, über Rationalismus und moderne Naturwissenschaft zum Ökonomismus der Spätzeit führte. Oder anders ausgedrückt: Nützlichkeitswerte sind nur abgeleitete Werte.

Doch gerade in diesem Mißverständnis zeigt sich die heutige Erosion der Werte, das Abtragen ihrer natürlichen Hierarchie. Unsere Zeit wird bestimmt von der Dominanz der «niederen», weil materiellen Werte, den Annehmlichkeits- oder Lustwerten, den Vitalwerten und den Nützlichkeitswerten bei gleichzeitigem Abbau oder gleichzeitiger Mißachtung geistiger Werte. Man fragt also, ob etwas angenehm oder unangenehm, gesund oder krank, nützlich oder unnütz sei, und findet es müßig, danach zu fragen, ob etwas – Stichwort: atomare Zerstörungsfähigkeit des Menschen – wahr oder falsch sei unter dem Gesichtspunkt der theoretischen Werte, wie ich das am Beispiel ontologischer Reflexion aufgezeigt habe. Daran ändert auch nichts, daß man wieder nach bindenden ethischen Werten ruft, die in der Fragestellung nach Gut und Böse den theoretischen Werten ihrerseits übergeordnet werden. Auch ethische Werte stehen in einem hierarchischen Abhängigkeitsverhältnis, nämlich zu den letzten Fundierungswerten eines Kulturkreises, den religiösen.

Wenn man meinen Argumenten bis hierher aufmerksam und einigermaßen willig gefolgt ist, so dürften nun viele stutzig werden, wenn ich in der Rangfolge der Werte zwischen die ethischen und die religiösen erst die ästhetischen Werte einfüge, die nach schön und häßlich bestimmt werden, ästhetische Werte also höherrangig als ethische betrachte, und den religiösen näherstehend behandle, und es dürfte noch mehr verwundern, daß gerade die christlich inspirierte Wertlehre der Philosophie vom Mittelalter bis in unsere Tage so verfahren ist. Zwar gehört nach der speziellen Wertlehre zur Lehre vom Schönen auch das Erhabene, das Tragische, das Komische, das Liebliche usw. Doch allgemein gefaßt beinhaltet der ästhetische Wert des Schönen Zahl und Maß im Sinne von Ordnung, Proportion, Harmonie. Setzen wir als Schlüsselbegriff ‹Ordnung›, dann finden wir bei Thomas von Aquin zahlreiche Aussagen, die den fließenden Übergang von den ethischen Werten zu den ästhetischen dokumentieren. «Zuchtlosigkeit am meisten streitet wider des Menschen Klarheit und Schönheit.» Oder noch prägnanter: «Die Sünde besteht darin, daß die Seele ihre Ordnung verliert . . .» Und noch deutlicher: «. . . am meisten den Sünden der Zuchtlosigkeit ist Häßlichkeit eigen.» Sünde ist also das Unschöne, das Häßliche als etwas Ungeordnetes, Maßloses!

Vielleicht läßt sich in diesem Zusammenhang ahnen, wie nahe moderne Kunst, die sich seit dem Expressionismus zum Häßlichen bekannte, die in Expressionismus, Dadaismus, Surrealismus, Kubismus nur den denaturierten Menschen darstellte, als Larve oder Insekt, als Kegel oder Kubus, und die in der abstrakten Kunst entmenschlichend vom Menschen überhaupt abstrahierte, den Menschen verachtenden Handlungen von Auschwitz und Hiroshima nahestand, wie spiegelbildlich das Massige in der modernen Architektur der Wolkenkratzer, Sportarenen, Parteitagsgelände und Totenkultmonumente zu den Maßlosigkeiten der Diktatoren des 20. Jahrhunderts auf den Schlachtfeldern steht. Oder sagen wir es umgekehrt: Wer Adalbert Stifters künstlerisches Prinzip des «sanften Gesetzes» im Sinne seines «Nachsommers» lebt, durch die innere Harmonisierung seiner eigenen Person also prägend auf die Umwelt wirkt, der trägt zu Frieden und Harmonie in dieser Welt mehr bei als der Demonstrant am Bauzaun von Wackersdorf. In den Worten des Thomas von Aquin ausgedrückt: «Wer immer das Gute erstrebt, verlangt darin auch nach dem Schönen ... Es ist das gleiche Verlangen, das sich auf das Gute richtet, auf das Schöne und auf den Frieden.» Friede bedeutet Harmonie. Es kann nie Frieden entstehen, wo jeder Sinn für Schönheit als Ordnung verlorengeht, ja, wenn man den Sinn für dieses Grundelement der Ordnung desavouriert, wie das durch die moderne Kunstbetriebsamkeit geschieht, und «law and order» in der politischen Arena fortlaufend diskriminiert.

Selbst die Theologen, die in früheren Jahrhunderten nicht nur die ethischen Werte von den Kirchenkanzeln und die erkenntnistheoretischen der Philosophie von den Kathedern der Universität verwalteten, sondern sich auch der ästhetischen Werte in der Bautätigkeit bedienten, haben anscheinend das Wissen verloren darum, in welch naher Beziehung die ästhetischen Werte zu den ethischen stehen, und wie gerade ästhetische Werte an die religiösen heranführen. Nicht aus dem Munde der Theologen, sondern der Physiker müssen wir heute davon erfahren, was sie die zentrale Ordnung nennen. «Wenn nach den Werten gefragt wird, so scheint also die Forderung zu lauten, daß wir im Sinne dieser zentralen Ordnung handeln sollen.» So können wir es bei Werner Heisenberg lesen. Bei Thomas von Aquin lautete das schlicht einst so: «Was von Gott stammt, ist geordnet.» Alles was Ordnung ist, etwa der Natur oder Schönheit, ist Abglanz jener «zentralen Ordnung», in der als dem «ens a se» (Aus-sich-Sein) das «summum bonum», das ist die Fülle alles Guten, und das «summum pulchrum», das ist die Summe alles Schönen, als «perfektissimum» zusammenfällt. In diesem Ausmaß der Vollkommenheit liegt ja das augustinische «valde aliud», das «ganz Andere» Gottes, wie es die Mystik betonte, und gerade in diesem «ganz Anderen» liegt der religiöse Wert des Heiligen, der sich von allem Profanen absetzt. Dieses transzendental Absolute ist nach der Wertphilosophie das «mysterium tremendum et fascinosum», das uns Anziehende und Bestrickende, Beglückende und Beseligende, aber auch das machtvoll Unnahbare, das ohnmächtig in die Knie zwingt.

Dieses Beziehungsverhältnis aller Werte zu den religiösen Werten, den Fundierungswerten für die ganze Werthierarchie, kann aber nicht deutlich werden, wenn das «valde aliud», das kaum verstehbare «ganz Andere», so anthropomorph in einer zeitmodischen Christologie angeboten wird, daß Christus nur noch wie ein liebender und erlösender Menschenbruder erscheint. Wenn Gott zu stark in die Niederungen unserer Sorgen herabgezogen wird, geradezu in ein Du-Verhältnis nach der Art von Rainer Maria Rilkes ‹Stundenbuch›, dann setzt das Emporgezogenwerden des Menschen, jenes beschriebene «fascinosum», aus, dann wird Wert-Hierarchie ebenfalls erodierend eingeebnet, und an die Stelle des so vermenschlichten Christus treten bald die unterschiedlichen menschlichen Gurus «positiven Denkens» als Selbsterlösung in einem angeblichen ‹New-age›.

So haben wir alle Stufen der Wert-Hierarchie zeitkritisch in das Blickfeld gerückt. Keine Zeitepoche vermag alle Werte mit gleicher Gewichtigkeit zu leben, insofern ist die heutige Einseitigkeit gelebter niederer Werte, gerade ihre Einseitigkeit, nichts Besonderes. Nachdenklich stimmt es allerdings, daß sich der Kommunismus als ökonomischer Materialismus mit der Überbetonung von Nützlichkeitswerten, der Nationalsozialismus als biologischer Materialismus mit der Überbetonung von Vitalwerten und der liberale Kapitalismus der Nachkriegszeit mit seiner Vorliebe für Lustwerte, Vitalwerte und Nützlichkeitswerte als praktischer Materialismus wertphilosophisch sehr wenig unterscheiden. Vorbildcharakter kann für den jungen Menschen keine der genannten Richtungen gewinnen. Aus dem Zwang des jungen Menschen, dennoch werten zu müssen, wenn er überhaupt handlungsfähig sein soll, resultieren dann viele unverständlich anmutenden Kurzschlußhandlungen.

Denn jedes Wollen und Handeln setzt voraus, daß ich *einen* Wert dem anderen vorziehe, ihn mehr wertschätze, ihn als wertvoller anerkenne, daß ich also werte. Es gibt ein schönes mythologisches Bild für das Ingangsetzen einer solchen Handlungsbewegung, das von der Malerei bis in unsere Tage immer wieder als Sujet geschätzt wurde: «Das Urteil des Paris». Für das Versprechen, dafür das schönste Weib zu erhalten, muß Paris den Preis der Schönheit an Hera, Athene oder Aphrodite vergeben. Er entscheidet sich wertend für Aphrodite. Mit ihrer Hilfe gelingt sein Raub der Helena, und der literarisch denkwürdigste Krieg der Menschheitsgeschichte beginnt. Niemals hätte aber der Trojanische Krieg stattgefunden und Paris säße noch immer entschlußlos sinnierend vor der Schönheit dieser drei entkleideten Damen, wenn er nicht einen den Vorzug gegeben, wenn er nicht gewertet hätte.

Nun steht der gewöhnliche Mensch kaum vor einer solchen mythologischen Paris-Entscheidung, und dennoch wird ihm manche Entscheidung nicht leichter fallen. Denn auch der einzelne Mensch vermag die ganze Hierarchie der Werte nicht zu realisieren. Allein schon seine Berufsfindung setzt eine Wertentscheidung voraus. – Ein *guter* Arzt wird die Vitalwerte betonen müssen und sie an ethische Werte binden, während ein *schlechter*

Arzt sie nur mit den Nützlichkeitswerten des Einkommens kombiniert. Eine Sozialhelferin mag vielleicht von ethischen und religiösen Werten getragen sein. Ein künstlerisch begabter Mensch lebt gewiß die ästhetischen Werte. Geschieht dies unter Mißachtung der Nützlichkeitswerte, also des Broterwerbs, dann dürfte das ein sogenannter ‹freier Künstler› werden. Vollzieht sich die Verwirklichung künstlerischer Werte in enger Bindung an Nützlichkeitswerte, dann könnte das einen Zeichenlehrer, eine Designerin, eine Modedirektrice ergeben.

So formt sich jedem Menschen die ihm gemäße Werthierarchie. Immer ist es eine Auseinandersetzung mit der objektiven Kultur, mit der aufgezeigten Welt der geistigen Werte. Dabei ist nicht nur die Berufsfindung ein Agens, sondern ebenso wird das bewirkt von Wachstum, Entwicklung, Reife, Erziehung, auch der Lebenserfahrung von Ehe, Muttertum, Krankheit, Krieg und Tod. Je nachdem, wie ein wertfühlendes Subjekt den Wert eines Menschen, die Schönheit einer Landschaft, die Heiligkeit eines Ortes erlebt, wie sich durch die aufgezeigten Lebenseinschnitte das Werterleben wandelt, wird sich jeder einzelne Mensch anders bilden. Was sich auf diese Weise als eine Person ganz eigener Wertbindung formt, nennen wir dann Persönlichkeit. Persönlichkeit setzt ausgeprägte Wertbindung voraus als Ergebnis eines Bildungsprozesses. Schule und Berufslehre bieten immer nur Ausbildung, etwas nach Quantität, Qualität und Zeitaufwand klar Begrenztes, das lernbar, abprüfbar, bewertbar ist; was man sogar desinteressiert, gezwungen und widerwillig zum Abschluß eines Zertifikates bringen kann, was sich organisieren läßt. Bildung als Bildungserlebnis beginnt, auch schon ansetzend in der Schule, wo etwas über die Ausbildung hinausgeht, was jenseits schulischer Ausbildung gewöhnlich beginnt, was aber auch niemals sein Ende findet. Gerade im letzten Jahr akuter Todesbedrohung habe ich an mir selbst erfahren, wie sich diese Wertweltbezüge fortlaufend ändern, wie stark immer noch bis zum letzten Atemzug sich dieser Bildungsprozeß vollziehen kann.

So stehen Sie nicht nur vor einem, wie ich annehmen kann, bald geglückten Abschluß, sondern mehr noch vor einem Beginn, vor einer Befreiung, vor einer gewaltigen Herausforderung, vor einem Aufbruch, denn sehr unterschiedlich dürften Sie von den Werten entsprechend wechselnder Lebenslagen angesprochen werden. Niemand vermag dieses Angesprochensein zu befehlen oder gar zu erzwingen, deshalb kann es letztlich keinen Ratschlag, kein Erfolgsrezept für die geistige Auseinandersetzung mit der Wertwelt geben. Allein das heute so schwer zu findende Vorbild wäre eine Hilfe. Sie werden also entlassen in die Freiheit der Selbstfindung und der Selbstverantwortung, und dennoch wage ich Ihnen zum Abschluß meines pädagogischen Tuns ein allerletztes Wort mit auf den Weg zu geben; es ist die nach 2000 Jahren immer noch gültige Lebensmaxime der sophokleischen Antigone, eines jungen Mädchens Ihres Alters: «Nicht mitzuhassen – mitzulieben bin ich da!»

Vom «Wissen» des Unbewußten

Wer Trauerarbeit verstehen will, menschliche Verlustgefühle, Behindertenschicksale, Suchtgefahren, Partnerschaftsbrüche, Altersauflösungen, kann niemals Seel-Sorge treiben ohne profunde tiefenpsychologische Kenntnisse! Das gilt in ganz besonderem Maße aber auch für Sterbeprozesse. Wie wenig wir davon gemeinhin verstehen, zeigen meine Briefe der vorjährigen Weihnacht, in denen ich meine Enttäuschung deutlich machte darüber, wie meine Mitpatienten in der Tumorabteilung auf den Tod zugingen. – Ich erlebte einen über siebzigjährigen Patienten, der unbedingt entlassen sein wollte, weil er heiraten müßte. Ein neunundsiebzigjähriger Münchener probierte während des täglichen Besuchs einer langjährig befreundeten, vielleicht zehn Jahre jüngeren Frau, wie man seine Möbel in ihrer Wohnung mit aufstellen könnte, wenn er nach seiner Entlassung endlich zu ihr zöge. Noch zwei Tage vor seinem Tode ließ ein Münchener Ingenieur einen Autohändler mit Prospekten ans Krankenbett kommen, um den alten Wagen zu verkaufen und einen neuen für seine Frau auszusuchen. Alle drei zählten seit Jahren zu den Tumorpatienten. Jeder wies bereits eine so starke Schädigung der gesunden Knochenmarkzellen auf, daß sich keine Chemotherapie weiter durchführen ließ.

Ich sah diese drei Männer damals nur unter zwei Gesichtspunkten. – Mir fiel auf, daß es sich bei ihren Besuchen um die jeweils zweite oder gar dritte Frau handelte, beziehungsweise Lebenspartnerin, bei einem gleichzeitigen Verdammungsurteil gegenüber den eignen Kindern früherer Ehen. Mich interessierten diese Patienten also wegen der vermuteten traumatischen Ursächlichkeiten ihrer Tumorerkrankung, mit denen ich mich persönlich gründlich befaßte. – Gleichzeitig beobachtete ich an ihnen den heranschleichenden Tod der Art, wie ich glaubte, ihn ebenso erwarten zu müssen, und ich legte darum recht unbekümmert sittlich-religiöse Maßstäbe an ihr Verhalten an, weil ich nicht wahrhaben wollte, wie vordergründig-platt, wie banal, wie desillusionierend billig diese letzten Schritte vor dem Tode sein sollten. Mir dünkten diese Haltungen zeittypisch, würdelos zu sein, was ich in den genannten Briefen ausdrückte. Klerikern und Klosterschwestern hinterließ mein Bericht einen ähnlichen Eindruck.

Heute weiß ich, wie ungerecht ich wahrscheinlich meine Mitpatienten abgeurteilt habe; denn bei C. G. Jung las ich unterdessen, wie er als Kliniker die «unbewußte Seelentätigkeit» von Patienten bis in die unmittelbare Nähe des Todes verfolgen konnte. «In der Regel wurde», so schreibt er, «das nahende Ende mit jenen Symbolen angezeigt, mit welchen auch im normalen Leben psychologische Zustandsveränderungen angedeutet werden, nämlich Wiedergeburtssymbolen wie Ortsveränderungen, Reisen und dergleichen.» Er habe sich gewundert, wie wenig Aufhebens «die unbewußte Seele vom Tod macht», was ich irrtümlich als Banalität bezeichnete. Dem Unbewußten scheint dagegen besonders wichtig zu sein, «wie man stirbt, nämlich, ob die Einstellung des Bewußtseins zum Sterben paßt oder nicht... Der Zwang, alles Verkehrte noch richtigzustellen, der so häufig bei Sterbenden beobachtet wird, dürfte in die gleiche Richtung weisen.»[68] – Das Unbewußte der drei Mitpatienten tat also in der ihnen eigenen nichtverbalen Sprache des Verhaltens (wozu auch Traumbilder gehören und die Archetypen des Kollektiven Unbewußten) eindeutig und unveränderbar die Bereitschaft zum Sterben kund.

Jeder Kliniker müßte dazu ausgebildet sein, diese Sprache zu verstehen, um jede weitere Therapie als qualvolles Sterbehindernis einzustellen. Statt dessen entwickelte der meinem Oberarzt übergeordnete Professor die Theorie, man sollte versuchen, dem neunundsiebzigjährigen Patienten die Milz zu entfernen, weil dann eigentlich die Leukozyten wieder steigen müßten. Und sollten sie die für einen medizinischen Eingriff notwendige Mindestzahl von 3000 erreichen, dann ließen sich weitere Versuche mit Chemotherapie machen. In diesem Sinne mußten Assistenzärzte mit mehreren anderen Professoren den Kontakt aufnehmen, um einen derartigen chirurgischen Eingriff vorzubereiten. – Er fand nicht statt. Das Unbewußte des Patienten entzog sich diesem Eingriff durch den längst fälligen Tod.

Ganz anders sieht die Arbeit der tief religiösen Ärztin Kübler-Ross aus, die mit ihrer Sterbehilfe genau jenem von C. G. Jung festgestellten Bedürfnis der Psyche entgegenkommt, dafür Sorge zu tragen, daß «die Einstellung des Bewußtseins zum Sterben paßt», also auf die überlegte und bewußte Annahme des Todes hinzuarbeiten. – Lapidar: Mit meinem «Psychogramm» bin ich mir Frau Kübler-Ross selbst gewesen.

Und doch steckt ein Fehler in dieser Überlegung, denn mein Unbewußtes scheint das Gegenteil bekundet zu haben, wie ich gegenwärtig versucht bin zu diagnostizieren. C. G. Jung sagt in der nämlichen Textstelle, er habe an Patienten den nahenden Tod mehrfach «in Traumreihen bis über ein Jahr zurückverfolgen können ... Das Sterben setzte also ein, lange bevor der wirkliche Tod eintrat.» – Nun erst sind mir Reaktionen meiner eigenen Psyche interpretierbar. Als mich meine Frau und ein Freund im gigantischen Betonklotz von Großhadern eingeliefert und wieder verlassen hatten, wobei wir mit der medizinischen Lebenserwartung von wahrscheinlich nur noch wenigen Tagen rechnen mußten, nachdem ich zu Hause noch der letzten Bitte nachgekommen war, meine Todesanzeige zu formulieren, befand ich mich in einem Dreierzimmer des 10. Stocks völlig allein, in der Vermutung, meine Frau möglicherweise nie mehr wiederzusehen. Für eine solche Situation können nur psychische Reaktionen des Trennungsschmerzes, des Verlassenseins, der Einsamkeit, der Beklemmung, der Angst «normal» sein. Als ich jedoch auf die Perlschnüre der eingeschalteten Lampen nächtlicher Klinik-Vorplätze hinabblickte und noch der geringste Lärm klinischer Betriebsamkeit langsam verebbte, da überfiel mich ein überwältigendes Gefühl der Schmerzlosigkeit, auch der inneren Ruhe, der Heimeligkeit, der Geborgenheit, ja eines gewissen Glücksgefühls. – Fast über ein Jahr wußte ich dieses widersprüchliche Erlebnis nicht rational einzuordnen. – Ja, es wiederholte sich abgeschwächt in einer gewissen Weise noch einmal. Nach Auftreten der alten Schmerzen im Gefolge der Strahlentherapie und nach den von der Assistenzärztin der Radiologie vermuteten neuen Aktivitäten im kleinen Becken stiegen alle Befürchtungsgespenster eines rasch auslaufenden Stundenglases natürlicherweise wieder auf, verstärkt noch durch ein gesteigertes Ungewißheitsmoment, weil mir die ausgelastete Uniklinik keinen Soforttermin für ein CT einräumen konnte. So griff ich zurück auf die örtlichen ärztlichen Möglichkeiten, mit denen man ja meine Geschwulst überhaupt entdeckt hatte. Am Tage der Untersuchung fuhr ich allerdings, über mich selbst befremdet, völlig unbeschwert in die Klinik, und in der «Angströhre» des Computer-Tomographen überfiel mich eine unbestimmte Stimmung der Ausgelassenheit und Fröhlichkeit, die es sogar schwer machte, an meine Krankheit zu denken. Eine halbe

Stunde später eröffnete mir jener Radiologe, der mir ein Jahr zuvor seine Erstentdeckung nahebringen mußte, das Ergebnis: «Es sieht sehr gut aus für Sie! Der Tumor beginnt sich einzukalken!» – Das war die Wende!

Wie das Unbewußte also den nahenden Tod schon ein Jahr vorher anzeigt, so wußte mein persönliches Unbewußtes in beiden Situationen zuverlässig schon vorher etwas über den Ausgang des Therapieverlaufs, und offensichtlich signalisierte es das auch, wie bei den sterbenden Mitpatienten. Der Außenwelt zeigte sich das in Verwunderungshandlungen. So empfanden es die Radiologen eher als eine belächelnswerte Groteske unzerstörten Lebenswillens, als ich berichtete, ich hätte an schönen Februartagen inmitten der anstrengenden Strahlentherapie die Sträucher meines Gartens ausgeschnitten. Damit begann ich eine Arbeit, die mich ab dem Frühjahr täglich über mehrere Stunden ausgelastet hat, vordergründig bezeichnet als Sauerstoff-«Therapie», auch als nochmaliges Richten des Anwesens für meine Frau vor meinem endgültigen Weggang. Tatsächlich lag darin auch ein Signal des Unbewußten: Rückkehr in den vertrauten, ja geliebten Alltag, also in ein Gebaren, das allem Aufbruchs-, Umbruchs- und Neuerungsverhalten entgegenstand. – Als Sprache meines Unbewußten zeigte das, wie ich heute zu wissen meine, für 1987 und 1988 noch keinen Tod an.

Was läßt sich diesen Paradigmen entnehmen? Das Unbewußte sowohl meiner gestorbenen Mitpatienten als auch meiner eigenen Person erwies sich als völlig unabhängig von allen Einflüssen des Bewußtseins und des bewußten Willens. Mehr noch! Meiner Frau mußte ich während der Krankheit ein ganz ruhiges, ungeängstigtes Unbewußtes gestehen, obwohl alle rationalen Überlegungen und medizinischen Einsichten dem völlig widersprachen. Mein skeptischer Intellekt sammelte alle Indizien, die einem vermeintlich trügerischen Optimismus entgegenstanden. Von des «Gedankens Blässe» eines Hamlet angekränkelt, zeigte der nüchterne Verstand auch sein Janusgesicht. Niemals aber erwies er sich stärker als das stets normierende Unbewußte!

Die Ausgleichsmechanismen der Psyche

Ein Gespräch mit unserer «Chinesin» ließ erkennen, wie im gegenwärtigen «Capraismus» auch C. G. Jungs Begriff vom Kollektiven Unbewußten diffus benutzt wird für Aussagen asiatischer Mythologie ganz anderer Art. Das kollektive Unbewußte gibt man im New-Age-Geschwätz aus für das, was nach asiatischer Glaubensauffassung den Zusammenhang alles Seienden zueinander ausmacht. Hier merkt man die für ein Gespräch fehlende Begriffsapparatur auf seiten der unkritischen Zuläufer zu den asiatischen Mythologien. Die wissen nur anzubieten die Erleuchtung über den Weg der Meditation – und die gleichzeitige Verachtung dessen, was sie den spekulativen Verstand nennen, der angeblich nie zur «Wahrheit» führen könne.

Dies aber kommt einer unkritischen Verwerfung all dessen gleich, was die Größe abendländischer Kultur ausmacht: den Reichtum unendlich vieler selbstkritischer Annäherungsversuche an die Wahrheit auf dem Wege der Philosophie, was jene fruchtbringende Dialektik der Erfahrung bewirkt hat, daß man die Welt erfassen kann mit dem Verstand einerseits und dem Glauben andererseits. Anders ausgedrückt: Seinserfahrung läßt sich machen mit dem Bewußtsein und dem Unbewußten. Die Seinserfahrung mit dem Verstand führte in die Unendlichkeitsräume der Metaphysik, zur Seinslehre (der Ontologie), auch dessen, was wir das Transzendental Absolute nennen oder den Seinsgrund. Zu ihm gehört – wie alles Seiende – auch die Psyche jedes Menschen. Umgekehrt ist ontologisch Seiendes aber nicht einfach identisch mit psychologisch Seiendem. Deutlich gemacht an einem Beispiel: Mit dem Verstand, also dem Bewußtsein, stießen wir auch vor in die Unendlichkeitsräume mathematischer Spekulation: Damit schufen wir die Grundlage für das Erkennen komplizierter Naturgesetze, die sich nur ausdrücken lassen mit Hilfe der Infinitesimalgleichungen. Das so beispielsweise erkannte Wirkquantum «h», eine Konstante des subatomaren Bereichs ebenso wie der Astrophysik, ist zweifellos eine ontologische Wahrheit. Sie ist aber keine psychologische Wahrheit und weit davon entfernt, einer Zen-Meditation zugänglich zu sein.

Es ist gerade C. G. Jung zu danken, daß er stets klar abgegrenzt hat zwischen ontologischer Wahrheit und psychologischer Wahrheit, aber auch zwischen dem «kollektiven Unbewußten» und dem «persönlichen Unbewußten». Das kollektive Unbewußte, die tiefste Schicht der Psyche, wird als etwas allen Menschen Gemeinsames angenommen, als ein «Erbgut an Vorstellungsmöglichkeiten»[69], als allen Menschen vererbte psychische Anlagen und Dispositionen, die, wenn sie in Erscheinung treten, immer individuell geprägt sind. – Das «persönliche Unbewußte» dagegen besteht aus jenen Inhalten, die unbewußt geworden sind: Phantasien, Projektionen, geistigen Sperren, Fehlleistungen des Gedächtnisses, unfreiwilligen Verhaltensweisen, unerwarteten und verdrängten Gedanken, Gefühlen, Wünschen, Impulsen. Davon und vom «kollektiven Unbewußten» wird unser Bewußtsein massiv beeinflußt. Alle einseitigen Haltungen und Ansichten des Bewußtseins werden durch unbewußte Inhalte kompensiert. Dadurch bleibt das psychische Gleichgewicht erhalten. Dieser Ausgleichsprozeß bedeutet psychisches Wachstum oder «Individuation»: Ausschöpfen des psychischen Potentials.

Vielleicht ist Zen-Meditation nicht mehr als eine Anregung, eine Hilfe zu einem derartigen Ausgleich. Ob dadurch auch die von Meister Eckhart erstrebte «unio mystica» mit dem Seinsgrund zum Vollzug kommt, bleibt gewiß offen, weil zu den östlichen Praktiken auch Formen der Selbstentäußerung, des Identitätsverlustes, des Nahrungsentzugs mit möglicherweise biochemisch bewirkten Prozessen der Hirnwäsche oder Halluzination gehören.

Während meiner Krankheit habe ich gewissermaßen Einblick bekommen in diesen psychischen Ausgleichsprozeß zwischen dem Bewußtsein und dem Unbewußten, der sonst versteckter abläuft. Sinn und Ziel solcher, ja, jeder «Individuation» während des Lebens, ist nach C. G. Jung aber die Vorbereitung auf den Tod, ihn als Vollendung des Lebens zu empfinden und in diesem Verständnis auf ihn zuzugehen.

Es ist unser «Selbst», das diesen Individuationsprozeß anstrebt und lenkt, weil es die gesamte Psyche ordnet und deshalb zu einer Ganzheit drängt. Diese Ganzheit vereint alle Gegensatzpaare, also auch den Widerspruch von Leben und Tod. Der Mensch erfährt von dieser Ganzheit aber nur durch die Konfrontation mit den widerstreitenden Gegensätzen, die im Bereich der einzelnen Schichten unserer Psyche einen unterschiedlichen Charakter haben. Dieses «Selbst» nannte Jung auch einmal «den Gott in uns».[70]

Ein Prozeß der Individuation

Krebspatienten, deren Krankheit mit dem Tod eines geliebten Menschen begann, der ihrem Leben Sinn gab, stürzen in einen Zustand «konstitutioneller Trauer» (Kierkegaard); sie befällt die «grande tristezze» (Dante); sie werden gezeichnet vom «dämonischen Geist der Schwere» (Nietzsche), die schlichtweg «Schwermut» bedeutet (Guardini). Um sie legt sich die Garotte der inneren Vereinsamung, ein Autismus des verstummten Mundes, um der Gesellschaft in der Unendlichkeit ihrer Trauer nicht lästigzufallen. In diesem seelischen Leiden erscheint die Biographie der eigenen Psyche fragwürdig, das, was der Leidende bisher war, das, was er in der gegenwärtigen Situation von Verlust, Verzicht und Ohnmacht ist, und schließlich das, was er in der hoffnungslos erscheinenden Zukunft sein könnte. – Mit Ausbruch der Krankheit zerreißen weitgehend auch die Kontakte zu Kollegen, Freunden, Bekannten, weil ein Patientenbesuch bei gewaltig abgesunkenen Leukozytenzahlen während der

Zyklusintervalle der Chemotherapie die Infektionsgefahr zu sehr verstärkt. Für diesen «Galeerensklaven, zusammengekettet mit dem Tode», wie das Kierkegaard in seinen Tagebüchern genannt hat, offenbart sich mit dem Häßlichen, Grausamen, auch Ordinären der physischen Katastrophe das Ungenügen des bisherigen Sinnhorizontes. Diese Sinnkatastrophe führt den Kranken in die Fluchtreaktionen von Resignation und Suizid oder in die Distanz zu sich und der Welt, indem er sich fragt, ob sein Leiden tatsächlich der Wille Gottes sein könne und wie es im Vollzug von Schicksalsunerbittlichkeit bestellt sei mit Gerechtigkeit, Sünde, Erbe.

Zu unterstellen, man könne vom «homo patiens» (Leidenden) in dieser Situation «positives Denken» verlangen, mit dem sich vielleicht Bagatellen von Schlaf-, Konzentrations-, Lern- und Leistungsstörungen, Kollegenärger und Kommunikationsunfähigkeit abbauen läßt, ist wissenschaftlicher Unsinn. Der Versuch, den Krebs als Folge eines Verlusttraumas mit «positiver» Selbstbeeinflussung besiegen zu wollen, führt eher dazu, dem bereits stattgehabten Verdrängungsprozeß als Krankheitsursache noch einen Verstärker aufzusetzen.

Im nachträglichen Überblick scheine ich dagegen alle Schritte der Psychoanalyse nach C. G. Jung «schichtweise» durchschritten zu haben, ohne eine methodische Absicht dabei zu verfolgen.

Allein das Faktum dieser schweren Krankheit durchbrach die Schicht der «Persona», was im ursprünglichen Wortsinn die Maske des Schauspielers in der griechischen Tragödie bedeutet. Für C. G. Jung ist das die soziale Rolle, wie sie Beruf, Rang, Status im Auge der Umwelt sichtbar machen. Eine Tumorerkrankung nun läßt diese Schicht der «Persona» tatsächlich als Fassade aufgezwungener Gesellschaftlichkeit erscheinen, als Dasein der Kulissen und Masken.

Indem sich der Schauspieler aufgabengemäß maskiert, begibt er sich seiner Identität. Besonders die antiken Kopfmasken – die tragische, komische Satyrmaske – blieben im Dunkel aufgerissener Augenhöhlen, in der erstarrten Lippenbewegung des Schrei, menschlich ungewöhnlich. Noch für die Typisierung der Commedia dell'arte gilt das, ja selbst für die kokette Augenmaske. Denn erst das Zusammenspiel des Lichtes, mit dem Widerschein der Seele im Auge gespiegelt, ruft jene Wechsel der Gesichtszüge hervor, die wir als Lachen und Weinen bezeichnen: als Ausdruck der Persönlichkeit. Das Bild vom Bajazzo, der die Menschen lachen macht, während sein Herz weint, läßt uns wissen: die Maske entfremdet.

Mit jeder Maske, der tatsächlichen und jener der gesellschaftlichen Rolle, entselbstet sich der Mensch; erst mit der Totenmaske, wie sie uns aus der ägyptischen Kultur überliefert ist und wie sie Heinrich Schliemann als stilisierte goldene Masken in den Königsgräbern von Mykenä fand, begegnet uns der Mensch wieder entlarvt. Der Anblick einer Totenmaske läßt im Zurückgebliebenen das Wort der Seele aus dem ägyptischen Totenbuch nachklingen: «Du hast mich bei meinem Namen gerufen – da bin ich», bin ich, wie ich wirklich bin.

Eine Tumorerkrankung nimmt diese Demaskierung vorweg, durchbricht die Schicht der «Persona», indem der Rollenträger auf offener Bühne gleichsam seine Rolle vergißt und verstummt, weil er sich erkennt als «Puppe am Drahte des Schicksals», wie Kleist im Mai 1799 an seine Schwester Ulrike schrieb. Der Kontakt mit der Zuschauerumwelt bleibt aus, er sieht nur noch die Löcher der im Staunen und Entsetzen stumm gewordenen Münder. – Aber genau diese Stille wird zum Bedürfnis des Überlebens, erhält den Charakter selbstgewählter Absolutheit und Unbedingtheit.

In dieser übriggebliebenen Zelle der Letztexistenz habe ich mich nun konfrontiert mit dem «Schatten» meiner Psyche, den verdrängten Mängeln. Das hieß psychische Ursachenanalyse der Tumorerkrankung, Beschäftigung mit den unverarbeiteten Erfahrungen des Verlust-Traumas, den damit unterdrückten Gefühlen; das hieß aber auch unablässige Auseinandersetzung in Gesprächen und Vorstellungen mit dem Tod. Bei diesem Selbstklärungsprozeß müssen Familienmitglieder helfen, denn allein dieses Tun könnte – wenn überhaupt – den Heilungsprozeß einleiten, nicht aber die unechte Ermutigung eines gespielten Optimismus, die aus der längst durchbrochenen Schicht der Rollen und Masken nachklingt und den Patienten überhaupt nicht mehr erreichen kann. – Eine Aufarbeitung des «Schattens» meiner Psyche zeigte sich in der mir bisher recht fremden Versöhnungstendenz, weil es mir vorher gewöhnlich beliebte, Entscheidungen im Kampf der Waffen und Argumente vermeintlich siegreich zu suchen.

Mit dieser Versöhnungstendenz stieß ich ungeplant vor in die nächst tiefere Schicht der Auseinandersetzung mit dem gegengeschlechtlichen Bild der «Anima» (dem bei Frauen das gegengeschlechtliche Bild vom «Animus» entspricht). Das Ganzwerden der Seele verlangt nach C. G. Jung quasi die Entwicklung zu einem androgynen Wesen, das der Mensch nach Platons «Symposion» ursprünglich einmal gewesen sein soll. Es ist also dem Mann geboten, das «Weibliche an sich» (für die Frau das Männliche) in sich aufzunehmen. Da eine solche Selbstentfaltung ohne die konkrete Erfahrung mit dem anderen Geschlecht unmöglich dünkt, sind die aufopfernde Liebe meiner Frau, aber auch Betroffenheit, Mitgefühl, Herzenszuwendung, Ermutigung, Umarmung und Gebet von seiten meiner Abiturientinnen, die damit jede Konvention zwischen Lehrer und Schüler durchbrachen, mehr als ein hilfreicher Zufall gewesen.

Da wir gemeinsam einer kirchlichen Lehranstalt angehörten und unter den Mädchen sich auch tief religiöse befanden, unter meinen Freunden zudem Menschen mit der Fähigkeit zur philosophischen Reflexion und mit Bildungshorizont, fanden in Briefwechsel und Gespräch meine Konfrontationen mit der letzten Schicht der Bilder des «Kollektiven Unbewußten» (Gott; das Bild der «großen Mutter» in der Madonna; die Tapferkeit des «Helden» usw.) Resonanz und Verständnis.

C. G. Jung nennt diesen von mir durchlaufenden Prozeß «Individuation»; er bedeutet auf jeder Stufe Ausweitung (Höherentwicklung) der Persönlichkeit, Selbstwerdung der Persönlichkeit mit dem Ziel des «Selbst». Dabei hält er gerade diese Auseinandersetzung mit der Bilderwelt der Träume, Mythen und Religionen für besonders wichtig, weil sie die Menschheitskulturen spiegeln und die Wechselwirkung erleben lassen zwischen dem personalen und dem objektiven Geist, die Hegel entdeckt und Nicolai Hartmann tiefgründig analysiert hat. Nach C. G. Jung ist die Psyche des Menschen ohnehin «naturaliter religiosa» (von Natur aus religiös), weshalb der Mensch jenseits der Lebensmitte fast durchweg eine religiöse Problematik aufweist, weil er den Sinn seines Lebens finden muß.

Das nun ist der große Unterschied zur Psychoanalyse Sigmund Freuds. Mit ihrer Hilfe würde man in der Ursachenanalyse bei den Erststimulatoren früher Kindheit punktuell steckenbleiben. Sie ist zu einseitig trieb- und vergangenheitsorientiert, unfähig, die in der Krankheitsphase überbordende Flut der Bilder des «Kollektiven Unbewußten» zu ordnen und zukunftsorientiert auszurichten.

Allein dadurch aber konnte das einsetzen, was der Wiener Psychoanalytiker und Begründer der Logotherapie Viktor Frankl «sinnzentrierte Psychotherapie» nennt. Mit der krankheitsbedingten Aussonderung als Tumorpatient vom Massenschicksal der Gesunden oder relativ «normal» Sterbenden, der vorbehaltlosen Hingabe an den Willen Gottes (des Schicksals, der Natur usw.), meiner Annahme des Todesschicksals, dämmerte mir die Erkenntnis eines tiefgreifenden Reinigungsprozesses von allem Unwesentlichen, das Konzentrieren auf das wesentlich Gewordene in meinem Leben, das, was auch dem Tode standhalten könnte, einschließlich des mitmenschlich in Wohlwollen Vollbrachten und Empfangenen. Dieser Selektionsprozeß als Aussondern und Vorziehen von Werten, ein letztes Werten, gibt seelischem Leiden Sinn.

Wenn Ärzte nach den ersten – noch vorübergehenden – Therapieerfolgen wohlmeinend raten, man solle «die Zeit nutzen», dann führt gerade dieser Ratschlag möglicherweise in den Rückfall nach dem üblicherweise «geschenkten» ersten Jahr. Denn ein Patient, der nicht die reinigende Hadesfahrt durch die Schichten seiner Psyche in eben beschriebenem Sinne vollzogen hat – und wie sollte er das ohne die dringend notwendige klinische Installierung einer Psycho-Onkologie – kann auch die «Auferstehung» einer neuen Sinnfindung nicht erleben. Er wird Kultur und erst recht Kultur des «kollektiven Unbewußten» durch Konsum ersetzen, ideelle Werte durch materielle Güter, Sinnkonzentration durch wertneutralen Pluralismus von Meinungen, Informationen, Ideologien. Er kehrt ja – lebensgierig – zurück in jene Oberflächenschicht der «Persona», in das von Martin Heidegger beschriebene «Man», das zumeist auf billigen Lustgewinn der Speisen, Gerüche, Reisen, auf Sport, Tanz und ähnliche oberflächliche Lebensgenüsse ausgerichtet ist. Man lebt gleichsam höher potenziert, auf wenige Monate zusammengedrängt, noch einmal jenes Leben der psychischen Ursachenverdrängung, das schon einmal zur Tumor-Erkrankung geführt hat, bestärkt und illusionär ermutigt von Angehörigen, der Umwelt und Ärzteschaft, und wundert sich über die Zwangsläufigkeit erneuter Tumoraktivität mit nun tatsächlich folgendem Exitus.

Und dies hätte sich wahrscheinlich in ähnlicher Weise vollzogen, wenn ich den gutgemeinten Ratschlägen gefolgt wäre, alles «auf Jesus Christus zu werfen»; denn dies verhindert die psychologische Ursachenanalyse sowie das ungehinderte Aufsteigen der Bilderflut des «Kollektiven Unbewußten» zu einer sinnerfüllten Neuordnung. Auch Frömmigkeit kann Rückkehr in die Oberflächenschicht der «Persona» bedeuten: Verdrängung hinter die Masken und Schablonen konventioneller Religionspraktik, was betreuende Priester sehr sorgfältig beachten sollten! Mit einer aufgebrochenen und wunden Psyche läßt sich nicht belehrend verfahren wie mit einem Objekt katechetischen Unterrichts!

Der Nobelpreisträger Hans Jürgen Eysenck hat von angelsächsischen Experimenten berichtet, denen sich bis heute die deutsche Onkologie weitgehend verschlossen zeigte. Ausgehend von einem Persönlichkeitstyp mit Krebsdisposition beobachtete man

489 Probanden. Von ihnen starben im Beobachtungszeitraum tatsächlich 188 an Krebs, 34 an Herzinfarkt, 79 an anderen Ursachen. Man teilte nun eine durch Interviews und Befragungen ausgetestete Gruppe von 100 krebsanfälligen Probanden zur Hälfte in eine Kontrollgruppe und eine Therapiegruppe, die man mit den Methoden der psychologischen Verhaltenstherapie betreute. Nach dreizehn Jahren waren sechzehn Probanden der Kontrollgruppe, also jeder dritte, an Krebs gestorben, in der Therapiegruppe niemand![71]

In der Bundesrepublik sind bisher alle Anträge zur Finanzierung psychoonkologischer Forschungen abgelehnt worden. Das geschah möglicherweise deshalb, weil man eine tiefenpsychologische Ursachenerklärung in den Therapieverlauf noch nicht einzufügen wußte. Mein Psychogramm will dazu einen bescheidenen Beitrag liefern angesichts dessen, daß es auch verhältnismäßig wenig deutschsprachige Literatur zur Psycho-Onkologie gibt.[72] Es macht deutlich, daß Psychologie eine Methode der Krebsvorbeugung und ganz sicher eine begleitende Krebsheilung sein könnte! Einigermaßen psychologisch geschult, war ich, dank des Drängens meiner Frau, also auch mein eigener Arzt. Leider nur ich, wenn ich an die vielen Mitpatienten denke.

Was hatte ich zu therapieren? – Viktor E. Frankl schreibt überzeugend: «Ärztlicher Seelsorge geht es darum, angesichts eines schicksalhaft notwendigen Leidens den Menschen leidensfähig zu machen. Ihr geht es nicht um die Wiederherstellung der Arbeitsfähigkeit und der Genußfähigkeit (welche beiden Fähigkeiten... unabwendbar und unabänderlich verloren gegangen sind), sondern um die Erstellung der Leidensfähigkeit.»[73]

Das ist es, was ich gelernt habe und allen Mitpatienten zu lernen wünsche. – So warte ich ruhig auf den Tod, der möglicherweise nun auf sich warten läßt.

Abschied und Neubeginn

Nun (Mai 1989) sind wir wieder aus Spanien zurück, aus dem Land meines tiefsten historischen Verständnisses, das mir von Kultur und Menschen her so vertraut ist, als hätte ich in einer früheren Existenz dort gelebt. Gewiß, es konnte nicht *mehr* sein als ein irrer Traum, als ich gerade in den Nächten von Großhadern vor dem Einschlafen wiederholt mein kleines Notizbuch mit einer Hand in die Luft reckte, um mit der anderen Spanienlandkarten und günstige Spanienrouten zu skizzieren. Noch im Frühjahr 1988, unmittelbar nach der Strahlentherapie, als ich die Unterkünfte in den Paradores der Castillos und Klöster vorbestellen mußte, sah Hedwig in Spanien nur ein willig geduldetes Therapie-Spielzeug. Nichts lag ferner, als zu glauben, dieser Spleen könnte je Wirklichkeit werden.

Das aber sind die Trugschlüsse der Menschen. Utopien bewegen die Welt! Erst heute beginnt in Rußland, DDR und anderen Ostblockstaaten für die Illusion des Säkularisierungsmärchens vom «Arbeiterparadies» die Desillusion. Aber für Milliarden von Menschen ist es über eineinhalb Jahrhunderte – entgegen aller Wirklichkeit des existierenden Sozialismus – Glaube, Opfersinn, Letzterfüllung gewesen.

Als Hitler gasblind im Lazarett von Pasewalk angeblich beschloß, Politiker zu werden, weil er, der ungelernte Arbeiter, der Auch-Künstler, den «Zusammenschluß aller Deutschen in einem Großdeutschen Reich» wollte, da mußte das wie eine groteske Farce anmuten angesichts der zermalmenden Wucht von Versailles, St. Germaine und Trianon, hinter denen die Kanonen und Bajonette aller nichtdeutschen Staaten drohten. Aber er verwirklichte das völlig irreal dünkende Großdeutschland, und seine aggressive Phantasie blies den Ballon auf bis zur Wolga und zum Atlantik, an das Nordkap und die Sahara im Süden, ehe er laut platzte. Doch noch heute schlägt die Welt verängstigt Schlachten gegen den Phantasten.

Deshalb wird Gorbatschow Geschichte machen! Dieser phantastische Luftzug von «Glasnost» und «Perestroika» dürfte unzählige andere Politiker wie Spreu wegblasen; er wird die Schädeldecken heben und Vorurteile lüften, er wird durch die unsauberen Kanonenrohre fegen, in die Türritzen der Wissenschaft dringen und die Papierdrachen der zwischenmenschlichen Hoffnungen steigen lassen.

Personengeschichtlich und völkergeschichtlich: Es ist die Phantasie, die unsere Welt bewegt! – Auf kurze Sicht sind sicherlich die Kanonen stärker, das Machtpotential, auf lange Sicht siegen die Ideen; auf überblickbare Sicht dominieren Rationalität, Rentabilität und Kapital, auf Zukunft allein die Phantasie, die Kreativität, die angebliche Irrealität von Einstein-Theorien. – Letztlich leben von dieser Erkenntnis seit Jahrtausenden auch die Religionen.

Nun gibt es natürlich recht unterschiedliche Qualitäten von Phantasie: Spielphantasie, Furchtphantasie, Wunschphantasie, schöpferische Phantasie, die dem Genie eigen ist: den Dichtern, technischen Erfindern, Staatengründern, wie ich sie gerade genannt habe. Sie nehmen mit ihrer Phantasie Wirklichkeit vorweg, die sie niemals sinnlich erfahren haben und die mehr umgreift, als nur in die Zukunft projizierte Erfahrung, wovon beispielsweise die Wirtschaft lebt. Sie besitzt also kognitiven Charakter.

Davon war ich in den Spanien-Träumen von Großhadern natürlich weit entfernt. Es wäre aber auch falsch zu meinen, ich hätte mich mit Wunschphantasien krankhaft vom Lebenskampf drücken wollen, Ersatz gesucht in der Lebenslüge des «als ob» für Strebungen, denen gegenwärtig die Verwirklichung versagt sein mußte, so daß Träume schließlich wichtiger erscheinen als die Außenwelt. Dann hätte ich mich ernsthafter diesen Phantasien ergeben müssen, an deren Verwirklichung ich nämlich selbst kaum glaubte. – Man könnte mein Tun eher mit der Spielphantasie des Kleinkindes vergleichen, das zum Beispiel den Doktor, den Soldaten, die Mutter oder das Tier nachahmt. Spielerischer

Gebrauch von Umweltverbundenheit, Weltoffenheit in der Zwangslage des Krankenbettes also.

Meine Spanien-Phantasien machten die Doppelfunktion der Vorstellungen deutlich, diese rückschauende Funktion einer glücklich gehabten Spanienreise vor sechs Jahren und die vorausschauende Funktion einer erneuten Spanienreise. Gerade darin offenbart sich die allgemeine Entbundenheit und Freiheit von der Enge unserer konkreten Umwelt. Phantasie ist in der räumlichen Dimension die Kommunikation zwischen der Psyche und der Welt, in der zeitlichen aber zwischen Vergangenheit, Gegenwart und Zukunft.

Es ist also ein Zeiterleben mit solcher Phantasie verbunden. – Im Krankenbett haben wir nämlich, wie in der Klosterzelle oder im Gefängnis, Zeit, weil wir uns jener Zeiteinteilung entrückt fühlen, durch die wir den Produktionsbetrieb regeln, den Verkehr der Flugzeuge und Eisenbahnen. Diese verbindliche quantitativ-automatische Zeitmessung der «objektiven» Zeit hängt noch immer ab von der Bewegung der Gestirne. Natürlich besitzt auch ein Krankenhausbetrieb eine Zeiteinteilung, aber die Grenzen zwischen Tag und Nacht sind in der Intensivstation ganz aufgehoben und in der Tumorabteilung wenigstens teilweise oder zumindest verwischt, wenn in den Endphasen Patienten gerade tagsüber schlafen, nachts aber immer wieder auf den «Stuhl» wollen oder zum Waschen und Wäschewechseln Anlaß geben, zur Kontrolle des nie gleichlaufenden Tropfs, von Fieber oder Puls – und das bei gleißendem Neonlicht. Allgemein geht dem Kranken das Gefühl für die «objektive» Zeit zunehmend verloren.

Für den Mechanismus der Uhr ist eine Arbeitsstunde nicht länger als eine des Schlafes, eine heitere zählt sechzig Minuten wie eine bittere, die eines Kindes unterscheidet sich nicht von der eines Greises. Sie ist durchaus exakt, und dennoch erfahren wir auf dem Krankenbett, daß diese Zeitmessung nur sehr bedingt stimmt: Schlaf kürzt die Endloslänge eines Krankenhaustages, und sie streckt sich schier unerträglich, wenn wir uns schon stundenlang steif gelegen haben mit den ständigen Infusionsnadeln des Tropfs in der Vene, weil wir durch die Bewegungslosigkeit der Nadel die nächste Venenentzündung verhindern wollen. Auch Übermüdung verlängert die Zeit. Traum und Phantasie aber heben jedes Zeitmaß auf!

«Wir träumen von Reisen durch das Weltall: ist denn das Weltall nicht in uns?» Das fragte schon Novalis. Mit ihm hatte die Romantik die Erlebniszeit entdeckt. «In uns oder nirgends ist Ewigkeit mit ihren Welten, die Vergangenheit und Zukunft.» So wurde im «Heinrich von Ofterdingen» Weltgeschichte als Geschichte der Seele dargestellt; Seele wurde Universum mit allen Bildern fernster Zeiten und Kulturen, das, was C. G. Jung später das «Kollektive Unbewußte» nannte.

In diesem Welterlebnis konnte es nicht mehr objektiv und subjektiv geben, Zeit und Raum. Der Weltinnenraum als Subjektinnenraum kennt keine Ordnungsfaktoren mehr, weshalb man C. G. Jung, der erstmals das Hineinwirken kollektiven Geisteslebens in die Psyche als Bilderflut mit stupendem Anschauungsmaterial belegte[74], zu Unrecht von seiten der Psychoanalyse Systemlosigkeit vorwarf. Deshalb verlor sich ja Marcel Proust «Auf der Suche nach der verlorenen Zeit» an die kurz aufleuchtenden und sofort wieder verblassenden Farbtupfer von Personen, Dingen, Gesten, Bewegungen, Gesprächen, Gefühlen, Räumen, Kostümen seiner Erinnerung. Zerfall der Welt in Teile, Teilchen, allerkleinste Teilchen, schließlich in Erlebnisfetzen der aus dem Unbewußten reproduzierten Zehntelsekunden eines James Joyce.

Es gibt Zeiten der langweiligen Leere und erfüllte Zeiten, Zeiten der Verlassenheit und Zeiten der Gnade, frohe und traurige, helle und dunkle Zeiten. Obwohl der Mensch in seinen ersten drei Lebensjahren wie ein Tier die Zeitdimension nicht kennt, ist er ein «Gott». Es fehlt uns bis in die frühe Schulzeit das Zeitbewußtsein: wir kennen noch nicht die Schuld der Vergangenheit und die Verantwortungslast der Zukunftsbewältigung, wir leben hingegeben dem Augenblick der gottgeschenkten Gegenwart. –

Der Mensch ist aber ein Wurm im Angesicht des Todes, er erlebt nie tiefer als dann das Kreaturgefühl, weiß spätestens dann, was zeitlich vergänglich und was – wie der Tod – absolut ist: ewig. Und genau dies tönte stets in meine Spanienphantasien hinein, das monotone Läuten des Sterbeglöckchens. Was ich wünschte, war nur «ein letztes Mal», was ich erträumte, sollte nicht mehr sein als ein Abschiednehmen an der Seite meiner Frau von allem, was uns in der gemeinsamen Erinnerung teuer schien, weil es uns einmal erlebnisreich gemacht hat. – Es handelte sich also um die Sehnsucht, das Verenden auf diese elendigliche Art zu ästhetisieren.

Gertrud von Le Forts «Schweißtuch der Veronika» wirkte tief nach, ein großes Bildungserlebnis für mich unmittelbar nach Ende des Krieges. Über die Großmutter wird dort gesagt: «Sie wollte mit diesem letzten Aufflackern ihrer Lebenskraft noch einmal zu allen Stätten Roms pilgern, an denen ihre besondere Liebe hing, und das hieß fast so viel als: sie wollte von jedem Stein der Ewigen Stadt Abschied nehmen.»[75] – «Der letzte Weg auf Erden, den ich mit meiner Großmutter ging, war die Via Appia, denn was sie neben den antiken Skulpturen am meisten bis zuletzt suchte, war der Anblick der Gesamtschau Roms und der Campagna. Ich glaube, daß ihr beide dasselbe gewährten wie jenes. Es war der Eindruck des ungebeugten, heldisch Ausharrenden, welchen ihr Rom, es war der des hoheitsvoll Versinkenden, welchen ihr die Campagna darbot. An jenem Abend ließ sie das Auto am Grabmal des Licinius halten, um die schönste Strecke der Gräberstraße an meinem Arm zu wandeln. Sie fühlte sich an diesem Abend so wohl wie seit langem nicht, ja, sie gab mir sogar ein wirkliches Lachen zur Antwort, als ich sie fragte, ob ich ihren Arm einen Augenblick loslassen dürfe, um einige Blumen zu pflücken, die in der spätsommerlichen Campagna schon seltener wurden. Während ich meinen kleinen Strauß ordnete, ging sie allein weiter, zuerst langsam, dann plötzlich, wie mir schien, ziemlich schnell. (Es war bereits im aufsteigenden Angstgefühl des Nahenden.) Ich sah sie auf der einsamen Straße, rechts und links begleitet von den stillen Reihen der alten, verfallenen Gräber; es schien mir, als ginge sie geradewegs in die Abendsonne . . . Dann plötzlich sah ich sie nicht mehr. Als ich ihr nacheilte, lag sie zu Boden geschmettert, das Antlitz verzerrt und entstellt von den furchtbaren Beklemmungen des zweiten Anfalls. Ich sah es wie eine unsichtbare Hand in ihrer Brust wühlen und ihr armes Herz wie mit eisernen Zangen umklammern: ich sah den Tod in ihrem Antlitz, ihn, an den ich nie zu glauben vermocht hatte, nun erkannte ich ihn auf den ersten Blick.»[76]

Nun, fast hätte ich mein Ende ganz ähnlich in Spanien erlebt. – Nicht nur Spanien war in den letzten Jahren einem gewaltigen Wandel unterworfen. Auch ich kehrte an die Stätten der Großen spanischer Geschichte nicht mehr als der gleiche zurück: an das Bett des tapferen Philipp in der kleinen Kammer des Escorial neben dem Altar, wo die Majestät erbarmungslos bei lebendigem Leibe verfaulte, er, der nur Gott dienen wollte; an die Demutsstufen der hohen Altartreppe der Hieronymitenmönche in der Kapelle von Yuste, wo der versöhnliche Karl V. nach seiner Abdankung kniete, er, der Luther nicht über den Tod hinaus verfolgte und der dem unterlegenen Franz I. von Frankreich das Gottesgericht des Zweikampfes angeboten hatte. Und dann die schlichten Bleisärge der «Reyes Cathólicos» in der Krypta der spätgotisch wuchernden «Capilla Real» Granadas: Isabella, die mit der Reconquista nach sieben Jahrhunderten das Mittelalter zum Abschluß brachte und mit der Conquista die Hispanidad grundlegte. Viel zu wenig beachtet in der Kathedrale von Sevilla schließlich das Grab Alfons des Weisen, des Literaten und Philosophen auf dem Thron, und seiner Mutter, der Königin Beatrix, einer Tochter des schwäbischen Herzogs und deutschen Königs Philipp. Kein Potentat steht mir so nahe – außer dem preußischen Friedrich – wie diese Könige großer Todesdemut. Ihr Totenkult setzte Maße der Pietät. Nichts zwingt das Haupt so in den Staub, wie ihr Vorbild. – Und das war es, wenn ich den großen Abschied gleichsam stilvoll von hier aus zelebrieren wollte. Fast wäre die Fahrt tatsächlich zum Schlußpunkt meines Daseins geworden. Von der Mutter Gottes zu Guadalupe herkommend, der alle Eroberer ihren Dank abgestattet haben und der die ganze Hispanidad huldigt, erfaßte uns in einer Bergkurve ein fünfzehn Meter langer Tieflader. Während der Hundertstelsekunden einer Reaktionsmöglichkeit habe ich den Wagen noch aus der Kurve an die Bergseite gerissen. Warum? Warum nur? Hätte das nicht jenes erbetene plötzliche Ende sein können, das mich vom Grauen des Krebstodes erlöst? Das allein war mein erster Gedanke. Dann aber stellte ich mir sofort meine Frau vor, mit mir als Leiche auf spanischer Landstraße. So wurde die Sache zum desillusionierenden Sancho-Pansa-Erlebnis: nur Wagenschürze, Grill, Beleuchtung und linker Kotflügel hingen als Schrott, wir aber verließen durch die gewaltsam aufgebrochene Tür den Wagen völlig unverletzt.

Schon während unserer Rundfahrt in Spanien hatte ich gespürt, wie sich objektive Zeit und subjektive Zeit nicht mehr recht synchronisieren ließen. Erst in der Ernüchterung gilt wieder das Wort des Heraklit, daß niemand zweimal in den gleichen Fluß steige.

Spanien ist nicht zum Beginn eines Abschieds geworden, sondern zu einem Neubeginn.

Die wichtigste Stunde ist immer die Gegenwart,
der bedeutendste Mensch ist immer der,
der mir gerade gegenübersteht,
das notwendigste Werk ist stets die Liebe.

Meister Eckehart

Anmerkungen

[1] Heisenberg, Werner: Physik und Philosophie, Berlin 1973, S. 40

[2] Hommes, Ulrich: Es liegt an uns. Gespräche auf der Suche nach Sinn, Freiburg 1980, S. 79

[3] Jung, C. G.: Erinnerungen, Träume, Gedanken. – Olten/Freiburg 1971, S. 301

[4] Jung, C. G.: Ges. Werke 7, S. 14

[5] Benn, Gottfried: Gesammelte Werke, Bd. I, Wiesbaden 1968, S. 342

[6] LeShan, Lawrence: Psychotherapie gegen Krebs, Stuttgart 1986, S. 71

[7] a.a.O., S. 58

[8] a.a.O., S. 71

[9] a.a.O.

[10] a.a.O., S. 68

[11] a.a.O., S. 69 f.

[12] a.a.O., S. 66

[13] a.a.O., S. 72

[14] Achterberg, Dr. med. Jeanne: Die heilende Kraft der Imagination, Bern/München/Wien 1987, S. 228

[15] a.a.O., S. 242 f.

[16] a.a.O., S. 242, 246

[17] a.a.O., S. 247

[18] a.a.O., S. 249

[19] a.a.O.

[20] LeShan, S. 35

[21] Achterberg, S. 239

[22] Breuß, Rudolf, Krebs. – Über Jutta Merk, Büro Gehrenberg 39/I, 7988 Wangen/Allgäu, S. 48

[23] Jung, C. G.: Wirklichkeit der Seele, 1931, S. 22 f.

[24] Jung, C. G.: Aion, 1951, S. 287

[25] Le Fort, Gertrud von: Das Schweißtuch der Veronika, München 1949, S. 292

[26] Tucholsky, Kurt: Briefe an eine Katholikin 1929–1931, Reinbeck 1969

[27] Le Fort, S. 292

[28] Jung, C. G.: Briefe, 3 Bd., Olten 1972 f., Bd. I, S. 252

[29] Jung, C. G.: Psychologie und Religion, Zürich/Leipzig 1939, S. 26

[30] Jung, C. G.: Mensch und Seele, Zürich 1945, S. 174 f.

[31] Jung, C. G.: Lesebuch, Olten/Freiburg 1983, S. 131 f.

[32] «Der Allgäuer» 6. 2. 1989

[33] Jung: Lesebuch, S. 131 f.

[34] Lange, Hartmut: Das Konzert, Zürich 1986, S. 82 f.

[35] Rotter, H.: Christliches Handeln, Graz 1977, S. 62

[36] Pöhler, W./Schwendy, A.: «Besondere Probleme einzelner Behindertengruppen: Seelisch behinderte Menschen», in: Bundesministerium für Arbeit und Sozialordnung der Bundesrepublik Deutschland (Hrsg.), Nationale Kommission für das Internationale Jahr der Behinderten 1981, Arbeitsgruppe 11 – Schlußbericht, Bonn 1980, S. 65 ff.

[37] Pöhler, W.: «Die Situation des psychisch kranken Menschen»

[38] Jünger, Ernst: In Stahlgewittern ([1]1920), Stuttgart 1961, S. 302 f.

[39] Benn: Bd. I, S. 14 f.

[40] Kleist, Heinrich von: Werke, Hrsg. Wilhelm Waetzold (Deutsches Verlagshaus Bong), Berlin/Leipzig/Wien/Stuttgart o. J., 6. Teil: Briefe, S. 213

[41] a.a.O., S. 215 f.

[42] a.a.O., S. 216

[43] Martini, Fritz: Deutsche Literaturgeschichte, Stuttgart [17]1978, S. 310

[44] Kästner, Erhart: Das Zeltbuch von Tumilad, Wiesbaden 1949

[45] Jung, C. G.: Antwort auf Hiob, 1952, S. 162 f.

[46] Jung, C. G.: «Über die Archetypen des Kollektiven Unbewußten», ERANOS-Jahrbuch 1934, S. 179 ff.

[47] Jung: Antwort auf Hiob, S. 160 f.

[48] a.a.O.

[49] Jung: Psychologie und Religion, S. 122

[50] Jung: Archetypen, S. 179 ff.

[51] Augustinus: Sermiones, 188, I, 5, p. 890

[52] Jung: Archetypen, S. 179 ff.

[53] Trautmann, Werner: Naturwissenschaftler bestätigen Re-Inkarnation. Fakten und Denkmodelle, Olten/Freiburg 1983; ETB [3]1989: Über den Tod hinaus. Neue Fakten und Denkmodelle zur Re-Inkarnation, Düsseldorf 1989

[54] Vgl. Drewermann, Eugen: Kleriker – Psychogramm eines Ideals, Walter-V. 1989

[55] Jung: Lesebuch, S. 331

[56] Link, Günter: Konkrete Krebshilfe, Verlag Ganzheitliche Gesundheit, Hemmingen/Württ. 1988

[57] Wolf, Otto: Die Mistel in der Krebsbehandlung, Frankfurt 1975

[58] a.a.O.

[59] Link: S. 21

[60] Lewis, C. S.: Über den Schmerz ([1]1978; The Problem of Pain, 1940), Gießen 1988

[61] a.a.O., S. 98

[62] a.a.O., S. 115

[63] a.a.O., S. 113

[64] a.a.O., S. 69

[65] a.a.O., S. 83

[66] a.a.O., S. 83f.

[67] Jacobsen, Jens Peter: Die Pest in Bergamo und andere Novellen (it 265), 1977

[68] Jung: Lesebuch, S. 173f.

[69] Jung, C. G.: Seelenprobleme der Gegenwart, 1927, S. 164

[70] Jung, C. G.: Die Individuation, in: Ges. Werke 7, S. 244

[71] Eysenck, Hans Jürgen: «Psychologie und Gesellschaft», in: Handbuch zur Deutschen Nation, Bd. 3, Tübingen 1988, S. 88ff.

[72] Meerwein, F. (Hrsg.): Einführung in die Psycho-Onkologie, Bern [3]1985; Schulz, K. H./Raedler, A.: Tumorimmunologie und Psychoimmunologie als Grundlagen für die Psychoonkologie. Psychother. med. Psychol. 36: 114–129, 1986; Koch, U./Haag, G.: Bücher zum Thema «Psychoonkologie» (1975–85). Psychother. med. Psychol. 36: 136–142, 1986; Koch, U./Haag, G.: Entwicklungen und Probleme psychoonkologischer Forschung. Psychologische Rundschau 97–102, 1987; Becker, Hans: Psychoonkologie. Krebserkrankungen aus psychosomatisch-psychoanalytischer Sicht unter besonderer Berücksichtigung des Mammakarzinoms, Berlin 1986

[73] Frankl, Viktor E.: Grundriß der Existenzanalyse und Logotherapie, in: Grundriß der Neurosenlehre II, München 1972, S. 695

[74] Jung, C. G.: Wandlungen und Symbole der Libido, 1912 (später: Symbole der Wandlung)

[75] Le Fort, S. 267

[76] a.a.O., S. 277f.